Verzeichniß

der

Guttentag'schen Sammlung

Deutscher Reichsgesetze

und

Preußischer Gesetze.

Text-Ausgaben mit Anmerkungen.

Taschenformat.

Deutsche Reichsgesetze grün,
Preußische Gesetze grau cartonnirt.

Berlin SW48.
Wilhelmstraße 119/120.
J. Guttentag, Verlagsbuchhandlung.
1897.

Guttentag'sche Sammlung

Nr. 2. Preußischer Gesetze. Nr. 2.

Text-Ausgaben mit Anmerkungen.

Preußische Beamten-Gesetzgebung.

Enthaltend

die wichtigsten Beamtengesetze in Preußen.

Anstellung, Diensteid ꝛc. Nebenämter ꝛc. Militärverhältnisse. Disziplinarverhältnisse. Strafrechtliche Vorschriften. Einkommensverhältnisse. Dienstwohnungen. Tagegelder, Reise- und Umzugskosten. Abgabenverhältnisse. Kautionswesen. Pensionswesen. Versorgung der Wittwen und Waisen.

Text-Ausgabe

mit kurzen Anmerkungen, einem chronologischen Verzeichniß der abgedruckten Gesetze, Verordnungen und sonstigen Bestimmungen nebst ausführlichem Sachregister.

Von

Carl Pfafferoth,

Kanzleirath.

Dritte neubearbeitete Auflage.

Berlin SW 48.

Wilhelmstraße 119/120.

J. Guttentag, Verlagsbuchhandlung.

1896.

Vorwort.

Die Verfassungs-Urkunde für den preußischen Staat vom 31. Januar 1850 bestimmt im Artikel 98, daß „die besonderen Rechtsverhältnisse der nicht zum Richterstande gehörigen Staatsbeamten, einschließlich der Staatsanwälte, durch ein Gesetz geregelt werden sollen, welches, ohne die Regierung in der Wahl der ausführenden Organe zweckwidrig zu beschränken, den Staatsbeamten gegen willkürliche Entziehung von Amt und Einkommen angemessenen Schutz gewährt".

Das verheißene Staatsdienergesetz ist bis jetzt nicht ergangen; dagegen haben vor und nach Emanation der Verfassung die einzelnen Verhältnisse der Beamten in einer beträchtlichen Reihe von Gesetzen, Verordnungen und Erlassen, von denen ein großer Theil durch die später ergangenen wieder aufgehoben worden ist, ihre Regelung gefunden.

Eine Zusammenstellung der wesentlichsten dieser auf die Rechtsverhältnisse der preußischen Staatsbeamten, und zwar in erster Linie der unmittelbaren Staatsbeamten bezüglichen, gegenwärtig noch gültigen Bestimmungen bringt das vorliegende Buch in einem handlichen und wenig umfangreichen Bande. Nur diejenigen Vorschriften sind zum Abdruck gelangt, welche sich auf die Gesammtheit der Staatsbeamten beziehen; auf die für einzelne Verwaltungszweige und Beamtenklassen ergangenen besonderen Bestimmungen ist jedoch an betreffender Stelle hingewiesen.

Die abgedruckten Vorschriften gelten im Wesentlichen für den ganzen Umfang der Monarchie. Hinsichtlich der **neuen Landestheile** ist in dieser Beziehung hier zu bemerken, daß für die Staatsdiener in den Hohenzollernschen Landen laut Allerhöchsten Erlasses vom 6. Februar 1854 (Ges.S. S. 80) und ebenso in den durch die Gesetze vom 20. September und 24. Dezember 1866 mit der Monarchie vereinigten Landestheilen — mit Ausnahme des vormaligen Oberamtsbezirks Meisenheim und der Enklave Kaulsdorf — laut Verordnung vom 23. September 1867 (Ges.S. S. 1619) lediglich die für die Monarchie gültigen allgemeinen Vorschriften, Verordnungen, Gesetze 2c., durch welche die Rechte und Pflichten der Staatsbeamten in Ansehung ihres Amtes und der Hinterbliebenen bestimmt sind, in Anwendung kommen sollen. Die Anwendbarkeit der Vorschriften für den seit 1. Juli 1876 mit der Monarchie vereinigten Kreis Herzogthum Lauenburg ergiebt sich aus den Gesetzen vom 23. Juni 1876 (Ges.S. S. 169) und 25. Februar 1878 (Ges.S. S. 97) sowie aus der Verordnung vom 31. Mai 1879 (Ges.S. S. 363). Für das Verhältniß der Beamten der Stadt Frankfurt a. M. endlich ist das Gesetz vom 5. März 1869 (Ges.S. S. 379) maßgebend.

Es dürfte zweckmäßig erscheinen, an dieser Stelle mit einigen Worten auf den Unterschied zwischen dem Begriff des preußischen Staatsbeamten und dem des **Reichsbeamten** einzugehen. Die Verhältnisse der letzteren sind durch das Reichsbeamtengesetz vom 31. März 1873 (R.G.Bl. S. 61) geregelt. Im Sinne dieses Gesetzes gilt laut §. 1 desselben als Reichsbeamter jeder Beamte, welcher entweder vom Kaiser angestellt oder nach Vorschrift der Reichsverfassung den Anordnungen des Kaisers Folge zu leisten verpflichtet ist. Die erstere Kategorie bilden die unmittelbaren Reichsbeamten, d. h. die vom Kaiser oder in seinem Auftrage kraft kaiserlicher Ermächtigung angestellten Beamten. Zur zweiten Kategorie, den sogen. mittelbaren Reichsbeamten, gehören diejenigen mittleren und unteren Post- und Telegraphenbeamten sowie die Militärbeamten, welche in Gemäßheit des Artikels 50 Absatz 3 bis 5 bezw. der Artikel 64, 66 der Reichsverfassung von den Landesregierungen ernannt werden, aber den Anordnungen des Kaisers Folge zu leisten haben. Dieselben sind zwar an sich Landesbeamte — vgl. Entscheidung des Kaiserlichen Disziplinarhofs in Leipzig vom 2. April 1874 (Centralblatt für das deutsche Reich S. 145) und des Reichsgerichts, II. Civilsenat vom 16. Oktober 1880 (Entscheidungen S. 101) —, unterstehen aber den Bestimmungen des Reichsbeamtengesetzes. Eine Ausnahme in dieser Beziehung ist nur für richterliche Militär-Justizbeamte, und zwar insofern zugelassen, als auf sie gemäß §. 158 des Reichsbeamtengesetzes die Bestimmungen desselben über die Versetzung in ein anderes Amt, über die einstweilige und zwangsweise Versetzung in den Ruhestand, über Disziplinarbestrafung und über vorläufige Dienstenthebung keine Anwendung finden sollen.

Da die nachfolgenden Vorschriften theils nur die unmittelbaren, theils die mittelbaren Staatsbeamten, theils auch beide Arten zugleich betreffen, so erübrigt endlich noch, diese Eintheilung, wenn auch nicht erschöpfend zu erörtern, so doch wenigstens durch einige Striche zu kennzeichnen. Eine überall zutreffende Erläuterung des Begriffs „unmittelbarer Staatsbeamter“ in kurzen Worten zu geben, ist kaum möglich. Es mag deshalb genügen, auf einige Stellen hinzuweisen, welche Anhaltspunkte zur Feststellung des Begriffs an die Hand geben.

Nach §. 69 Theil II Titel 10 des Allgem. Landrechts stehen die Civilbeamten entweder „in unmittelbaren Diensten des Staats oder gewisser denselben untergeordneter Kollegien, Korporationen und Gemeinen“.

In engerer Begrenzung des Begriffs bestimmt §. 8 des mitabgedruckten Gesetzes vom 11. Juli 1822 (Seite 174), daß zu den unmittelbaren Staatsdienern städtische Beamte, die von den Städten besoldeten Polizeibeamten mit eingeschlossen, landschaftliche, Wittwenkassen- und andere Sozietätsbeamte, Justizkommissarien und Notarien,

Justitiarien bei Patrimonialgerichten, Aerzte, Künstler und dergleichen nicht zu zählen seien.

Das Gesetz vom 12. Mai 1873 über die Gewährung von Wohnungsgeldzuschüssen (Seite 106) erwähnt im §. 1 die unmittelbaren Staatsbeamten neben den Lehrern und Beamten der Universitäten und derjenigen Unterrichts- und sonstigen Anstalten, bei welchen die Gewährung der erforderlichen Unterhaltungszuschüsse ausschließlich dem Staate obliegt.

In gleicher Weise führt auch Art. III der Pensions-Novelle vom 31. März 1882 unmittelbare Staatsbeamte einerseits und Lehrer und Beamte an Gymnasien, Progymnasien, Realschulen, Schullehrer-Seminarien, Taubstummen- und Blinden-Anstalten, Kunst- und höheren Bürgerschulen andererseits nebeneinander auf.

Die Provinzialordnung vom $\frac{\text{29. Juni 1875}}{\text{22. März 1881}}$ bestimmt ferner im §. 96, daß sämmtliche Provinzialbeamte die Rechte und Pflichten mittelbarer Staatsbeamten haben sollen.

Endlich spricht sich über die vorliegende Frage der Kommissionsbericht des Abgeordnetenhauses zum Wittwenversorgungsgesetz — Nr. 134 der Drucksachen 14. Leg.-Per. III. Session 1882 — Seite 19 folgendermaßen aus: Mittelbare Staatsbeamte sind solche Beamte, welche zwar dazu berufen sind, als Organe der Staatsgewalt unter öffentlicher Autorität für die Herbeiführung der Zwecke des Staats thätig zu sein, welche aber ihre Thätigkeit nicht dem Staate direkt, sondern einer der dem Staate untergeordneten, organisch in seine Verfassung eingreifenden Gemeinheit widmen, z. B. Kreiskommunal-Beamte, Elementarlehrer, Lehrer an höheren Schulen der Kommunen und Stiftern.

Berlin, im September 1896.

Inhalts-Uebersicht.

I. Anstellung, Diensteid ꝛc.

II. Nebenämter ꝛc.

III. Militärverhältnisse.

IV. Disziplinarverhältnisse.

Seite

V. Strafrechtliche Vorschriften.

VI. Einkommensverhältnisse.

VII. Dienstwohnungen.

VIII. Tagegelder, Reise- und Umzugskosten.

IX. Abgabenverhältnisse.

X. Kautionswesen.

XI. Pensionswesen.

XII. Versorgung der Wittwen und Waisen.

Chronologisches Verzeichniß

der abgedruckten Gesetze, Verordnungen und sonstigen Bestimmungen.

I. Anstellung, Diensteid ꝛc.

1.

Verfassungs-Urkunde für den Preußischen Staat. Vom 31. Januar 1850.

(G.S. S. 17).

4. Alle Preußen sind vor dem Gesetze gleich. Standesvorrechte finden nicht statt. Die öffentlichen Aemter sind, unter Einhaltung der von den Gesetzen festgestellten Bedingungen, für alle dazu Befähigten gleich zugänglich.

47. Der König besetzt alle Stellen im Heere, sowie in den übrigen Zweigen des Staatsdienstes, sofern nicht das Gesetz ein Anderes verordnet.

108. Die Mitglieder der beiden Kammern und alle Staatsbeamten leisten dem Könige den Eid der Treue und des Gehorsams und beschwören die gewissenhafte Beobachtung der Verfassung.

Eine Vereidigung des Heeres auf die Verfassung findet nicht statt.

2.

Verordnung, betreffend die Form der Diensteide. Vom 6. Mai 1867.

(G.S. S. 715.)

Wir Wilhelm ꝛc. ꝛc. verordnen für das Gebiet der Preußischen Monarchie, mit Ausschluß derjenigen Landestheile, auf welche sich die Verordnung*)

*) Nach dieser Verordnung und dem Staatsministerial=

vom 22. Januar d. J. (Gesetz-Samml. S. 132) bezieht, was folgt:

1. Die Form des Diensteides, welcher von den im unmittelbaren oder im mittelbaren Staatsdienste stehenden Beamten [1] fortan zu leisten ist, wird dahin festgestellt: „Ich N. N. schwöre zu Gott dem Allmächtigen und Allwissenden, daß Seiner Königlichen Majestät von Preußen, meinem Allergnädigsten Herrn, ich unterthänig, treu und gehorsam sein und alle mir vermöge meines Amtes obliegenden Pflichten nach meinem besten Wissen und Gewissen genau erfüllen, auch die Verfassung gewissenhaft beobachten will, so wahr mir Gott helfe u. s. w.“ Dem Schwörenden bleibt es überlassen, den vorstehend festgestellten Eidesworten die seinem religiösen Bekenntniß entsprechende Bekräftigungsformel hinzuzufügen.

Bei den im mittelbaren Staatsdienste stehenden Beamten tritt denselben diejenige Eidesnorm hinzu, mittelst deren diese Beamten sich, den bestehenden Bestimmungen und den besonderen Verhältnissen gemäß, dem unmittelbaren Dienstherrn zu verpflichten haben.

2. Der im §. 1 gedachte Eid verpflichtet den Schwörenden nicht nur für die zur Zeit der Eides-

---

Beschluß v. 31. Oktober 1867 (Min.Bl. f. d. i. V. S. 326) gilt dieselbe Form auch für den Diensteid der Beamten in den 1866 mit der Monarchie vereinigten neuen Landestheilen.

[1] Auch von den auf Probe oder nur zeitweise angestellten

leistung von ihm bekleideten, sondern auch für alle ihm etwa später zu übertragenden Aemter.

Urkundlich rc.

Gegeben Berlin, den 6. Mai 1867.

Wilhelm.

3.

Kabinetsorder vom 21. November 1835, betr. die Amtsverschwiegenheit der öffentlichen Beamten.[1]

(G.S. S. 237.)

Obgleich Gesetze und Dienst-Instruktionen den öffentlichen Beamten Verschwiegenheit über Gegenstände ihres Amtes zur Pflicht machen, so habe Ich doch mißfällig in Erfahrung gebracht, daß diese Pflicht aus den Augen gesetzt, über dergleichen Gegenstände, ohne amtliche Veranlassung, mündliche und schriftliche Mittheilung gemacht und solche selbst zur Publizität gebracht worden. Eine solche Verletzung der gesetzlichen Vorschriften ist nicht länger zu dulden; das Staatsministerium hat daher diese Mißbräuche abzustellen und zu veranlassen,

Hülfsbeamten, sofern sie nicht lediglich zur augenblicklichen Aushülfe angenommen. Erlaß v. 21. März 1882 (Min.Bl. f. d. i. V. S. 139.)

[1] Zur richtigen Auffassung der Ordre dient die Vergleichung mit der entsprechenden Vorschrift des Reichsbeamtengesetzes v. 31. März 1873 (R.G.Bl. S. 61) § 11, welche lautet:

Ueber die vermöge seines Amtes ihm bekannt gewordenen Angelegenheiten, deren Geheimhaltung ihrer Natur nach erforderlich oder von seinem Vorgesetzten vorgeschrieben ist, hat der Beamte Verschwiegenheit zu beobachten, auch nachdem das Dienstverhältniß aufgelöst ist.

daß die Departements-Chefs nicht nur ihren untergeordneten Behörden und Beamten die im Interesse des Dienstes unerläßliche Verschwiegenheit wiederholend und ernstlich einschärfen, sondern auch die geeigneten Anordnungen treffen, um die genaue Beobachtung derselben zu sichern und die Propalation amtlicher Verhandlungen zu verhindern. Die Departements-Chefs haben auf die Befolgung dieser für die Beamten aller Kategorien geltenden Vorschrift mit Ernst und Sorgfalt zu halten, die Beamten, welche dieselbe verletzen, unnachsichtlich zur Verantwortung und Bestrafung zu ziehen und Mir anzuzeigen, damit sie, dem Befinden nach, neben der verwirkten Strafe, ohne Pension aus dem Dienste entfernt werden. Ich beauftrage das Staatsministerium, die gegenwärtige Order durch die Gesetzsammlung zur allgemeinen Kenntniß zu bringen.

Berlin, den 21. November 1835.

Friedrich Wilhelm.

An das Staatsministerium.

4.

Allgemeines Landrecht.

Theil II. Titel X.

Von den Rechten und Pflichten der Diener des Staats.

(Amtsführung, Verabschiedung.)

70. Es soll Niemandem ein Amt aufgetragen

werden, der sich dazu nicht hinlänglich qualificirt, und Proben seiner Geschicklichkeit abgelegt hat.

71. Wem die Besetzung der verschiedenen Arten von Civilbedienungen zukomme, wer zu dergleichen Bedienungen gelangen könne, und was für Vorbereitungen und Prüfungen dazu vorhergehen müssen, ist, nach Verschiedenheit der Fächer und Stufen solcher Bedienungen, durch spezielle Gesetze und Instructionen bestimmt.

84. Titel und Rang, welche mit einem Amt verbunden sind, werden, nebst den davon abhängenden Vorrechten, schon durch die darüber ausgefertigte Bestallung verliehen.[1]

85. Die Rechte und Pflichten der Civilbedienten, in Beziehung auf das ihnen anvertraute Amt, werden, durch die darüber ergangenen besonderen Gesetze, und durch ihre Amtsinstructionen bestimmt.[2]

87. Was ein Beamter vermöge seines Amtes und nach den Vorschriften desselben unternimmt, kann gegen ihn als eine Privatbeleidigung nicht gerügt werden.[3]

---

[1] Vgl. Verordnung wegen der den Civilbeamten beizulegenden Amtstitel und der Rangordnung der verschiedenen Klassen derselben v. 7. Februar 1817 (G.S. S. 61), welche mit zahlreichen Ergänzungen, z. B. dem Allerh. Erlaß vom 11. August 1879 (G.S. S. 379) und v. 21. November 1888 (G.S. S. 334), betr. die Rangverhältnisse der richterlichen Beamten, noch jetzt maßgebend sei.

[2] Heiraths-Konsense sind jetzt nicht mehr erforderlich.

[3] Art. 97 der Verfassungsurkunde vom 31. Januar 1850,

88. Wer ein Amt übernimmt, muß auf die pflichtmäßige Führung desselben die genaueste Aufmerksamkeit wenden.

89. Jedes dabei begangene Versehen, welches bei gehöriger Aufmerksamkeit, und nach den Kenntnissen, die bei der Verwaltung des Amtes erfordert werden, hätte vermieden werden können und sollen, muß er vertreten.[1]

90. Vorgesetzte, welche durch vorschriftsmäßige Aufmerksamkeit die Amtsvergehungen ihrer Untergebenen hätten hindern können, sind für den aus Vernachlässigung dessen entstehenden Schaden, sowohl dem Staat, als einzelnen Privatpersonen, welche darunter leiden, verhaftet.

91. Doch findet in beiden Fällen (§. 89. 90) die Vertretung nur alsdann statt, wenn kein anderes gesetzmäßiges Mittel, wodurch den nachtheiligen Folgen eines solchen Versehens abgeholfen werden könnte, mehr übrig ist.

92. Kein Beamter darf den zur Ausübung seines Amtes ihm angewiesenen Wohnort ohne Vorwissen und Genehmigung seiner Vorgesetzten verlassen.

---

§ 11 des Einführungsgesetzes zum Gerichtsverfassungsgesetz v. 27. Jan. 1877 (R.G.Bl. S. 78) und Gesetz, betr. die Konflikte bei gerichtlichen Verfolgungen wegen Amts- und Diensthandlungen v. 13. Februar 1854 (G.S. S. 86), sowie § 114 des Gesetzes über die allgemeine Landesverwaltung v. 30. Juli 1883 (G.S. S. 195).

[1] Verordnung über die Festsetzung und den Ersatz der bei Kassen und anderen Verwaltungen vorkommenden Defekte v. 23. Januar 1844 (G.S. S. 52).

93. In wie fern, zu bloßen Reisen und Entfernungen auf eine Zeitlang die Erlaubniß der unmittelbaren oder höheren Vorgesetzten erforderlich sei, ist nach den einer jeden Klasse von Beamten vorgeschriebenen besonderen Gesetzen und Amtsinstructionen zu bestimmen.[1]

Anhang Nr. 124. Königliche Offizianten, welche ein fremdes Bad besuchen wollen, müssen durch ein medicinisches Attest bescheinigen lassen, daß das fremde Bad zur Wiederherstellung ihrer Gesundheit nothwendig, auch kein einheimisches eben so geschickt dazu sei.

94. Bei derjenigen Instanz, von welcher die Besetzung eines Amtes abhängt, muß auch die Entlassung davon gesucht werden.

95. Die Entlassung soll nur alsdann, wenn daraus ein erheblicher Nachtheil für das gemeine Beste zu besorgen ist, versagt werden.

96. Einem Beamten, dem aus diesem Grunde die Entlassung versagt wird, steht dagegen die Berufung auf die unmittelbare landesherrliche Entscheidung offen.

97. In keinem Falle aber darf der abgehende Beamte seinen Posten eher verlassen, als bis wegen Wiederbesetzung oder einstweiliger Verwaltung desselben Verfügung getroffen ist.[2]

---

[1] Ueber die Normirung des Gehalts für beurlaubte Beamte vgl. Allerh. Erlaß v. 15. Juni 1863 unter Nr. 27.

[2] Vgl. Pensionsgesetz.

98. Kein Vorgesetzter oder Departements-Chef kann einen Civilbedienten wider seinen Willen einseitig entsetzen oder verabschieden.[1]

102. Amtsverbindungen, deren Dauer durch die Natur des Geschäftes, oder durch ausdrücklichen Vorbehalt, auf eine gewisse Zeit eingeschränkt ist, erlöschen mit dem Ablaufe dieser Zeit von selbst (§. 97).

5.

Allerhöchster Erlaß, die Rechtsverhältnisse der aus dem Preußischen Staatsdienst in den Reichsdienst oder in den Landesdienst von Elsaß-Lothringen übertretenden Beamten betreffend.

Vom 2. Februar 1881.

(Min.Bl. f. d. i. V. S. 46.)

Indem Ich dem Staatsministerium den im Einvernehmen mit demselben erstatteten Bericht des Reichskanzlers vom 28. Januar d. J. abschriftlich zugehen lasse, bestimme ich, daß Meinen Beamten, welche aus dem Preußischen Staatsdienst in den Reichsdienst oder den Landesdienst von Elsaß-Lothringen übertreten, der Regel nach ein Dimissoriale nicht ertheilt werden und bei Eintritt geeigneter Vakanzen ihnen die Wiederaufnahme in den Preußischen Staatsdienst gesichert sein soll. Bei einer solchen ist das Dienstalter und Diensteinkommen der Beamten so zu berechnen, als ob derselbe im Preußischen Staatsdienste verblieben wäre. Die rücksichtlich der

[1] Vgl. die Disziplinargesetze.

Aufnahme in den Preußischen Richterdienst bestehenden Vorschriften werden von dieser Bestimmung nicht berührt. Hiernach hat das Staatsministerium das Weitere zu veranlassen.

Berlin, den 2. Februar 1881.

Wilhelm.

An das Staatsministerium.

6.

Grundsätze für die Besetzung der Subaltern- und Unterbeamtenstellen bei den Reichs- und Staatsbehörden mit Militäranwärtern.[1]

— Vom Bundesrath in den Sitzungen vom 7. u. 21. März 1882 genehmigt. —

R.C.Bl. S. 123.

1. Militäranwärter im Sinne der nachstehenden Grundsätze ist jeder Inhaber des Civilversorgungsscheins.

Der Civilversorgungsschein wird denjenigen Personen, welchen ein Anspruch auf denselben nach den Bestimmungen des Militärpensionsgesetzes vom 27. Juni 1871 (Reichs-Gesetzbl. S. 275) und der Novelle vom 4. April 1874 (Reichs-Gesetzbl. S. 25) zusteht, gemäß der Anlage A ertheilt.

Außerdem kann der Civilversorgungsschein solchen ehemaligen Unteroffizieren ertheilt werden, welche nach mindestens neunjährigem, aktivem Dienst

[1] Hierzu Allerh. Kabinetsordre vom 10. September 1882 (Min.Bl. f. d. i. V. S. 225).

im Heere oder in der Marine in militärisch organisirte Gendarmerien (Landjägerkorps) oder Schutzmannschaften eingetreten und dort als Invaliden ausgeschieden sind oder unter Einrechnung der im Heere oder in der Marine zugebrachten Dienstzeit eine gesammte aktive Dienstzeit von zwölf Jahren zurückgelegt haben. Der Civilversorgungsschein ist in diesen Fällen nach Anlage B auszustellen und hat nur Gültigkeit für den Reichsdienst und den Civildienst des betreffenden Staates.

Sind in eine militärisch organisirte Gendarmerie (Landjägerkorps) oder Schutzmannschaft in Ermangelung geeigneter Unteroffiziere von mindestens neunjähriger aktiver Militärdienstzeit, Unteroffiziere von geringerer, aber mindestens sechsjähriger aktiver Militärdienstzeit aufgenommen worden, so darf denselben der Civilversorgungsschein nach Anlage C verliehen werden, wenn sie entweder eine gesammte aktive Dienstzeit von fünfzehn Jahren zurückgelegt haben oder nach ihrem Uebertritt in die Gendarmerie oder Schutzmannschaft durch Dienstbeschädigung oder nach einer gesammten aktiven Dienstzeit von acht Jahren invalide geworden sind. Dieser Schein hat nur Gültigkeit für den Civildienst des betreffenden Staates.

Die Ertheilung des Civilversorgungsscheines erfolgt in allen Fällen durch diejenige Militärbehörde, welche über den Anspruch auf diese Versorgung zu entscheiden hat.

Die auf Grund der bisher geltenden Vorschriften ertheilten Civilanstellungsscheine sind fortan innerhalb ihres bisherigen Gültigkeitsbereiches den Civilversorgungsscheinen gleich zu achten.

Dem Eintritt in eine militärisch organisirte Gendarmerie oder Schutzmannschaft steht der Eintritt in eine der in den deutschen Schutzgebieten durch das Reich oder die Landesverwaltung errichteten Schutz- oder Polizeitruppen oder die Anstellung als Grenz- oder Zollaufsichtsbeamter in den Schutzgebieten gleich.

Ein auf Grund dieser Bestimmung ausgestellter Civilversorgungsschein hat für den Reichsdienst sowie für den Civildienst aller Bundesstaaten Gültigkeit; er wird nach dem anliegenden Muster (A^1) durch das Reichs-Marine-Amt ausgestellt. Diejenigen, welche auf Grund der vorstehenden Bestimmung den Civilversorgungsschein erhalten haben, stehen in Bezug auf die Reihenfolge der Einberufung von Stellenanwärtern den im §. 18 unter Nr. 3 bezeichneten Unteroffizieren gleich, insoweit sie im stehenden Heere oder in der Kaiserlichen Marine unter Hinzurechnung der Dienstzeit in den Schutzgebieten eine Gesammtdienstzeit von mindestens acht Jahren erreicht haben.[1]

2. Die Subaltern- und Unterbeamtenstellen bei

[1] Die beiden letzten Absätze sind zufolge Bekanntmachung des Reichskanzlers v. 29. Januar 1895 (R.C.Bl. S. 17) eingerückt.

den Reichs- und Staatsbehörden — jedoch ausschließlich des Forstdienstes — sind, unbeschadet der in den einzelnen Bundesstaaten bezüglich der Versorgung der Militäranwärter im Civildienste erlassenen weitergehenden Bestimmungen, nach Maßgabe der nachstehenden Grundsätze vorzugsweise mit Militäranwärtern zu besetzen.

3. Ausschließlich mit Militäranwärtern sind zu besetzen:

1. in allen Dienstzweigen und bei allen Behörden, außer bei der Reichskanzlei, dem Auswärtigen Amt, den Ministerien der auswärtigen Angelegenheiten, den Chiffrir-Büreaus, den Gesandtschaften und Konsulaten:
   die Stellen im Kanzleidienst, einschließlich derjenigen der Lohnschreiber, soweit deren Inhabern lediglich die Besorgung des Schreibwerks (Abschreiben, Mundiren, Kollationiren rc.) und der mit demselben zusammenhängenden Dienstverrichtungen obliegt;
2. in allen Dienstzweigen und bei allen Behörden, außer bei den Gesandtschaften und Konsulaten:
   sämmtliche Stellen, deren Obliegenheiten im wesentlichen in mechanischen Dienstleistungen bestehen und keine technischen Kenntnisse erfordern.

4. Mindestens zur Hälfte mit Militäranwärtern sind zu besetzen:

in allen Dienstzweigen und bei allen Behörden,

außer bei den Ministerien und sonstigen Zentralbehörden, sowie bei den Gesandtschaften und Konsulaten:

die Stellen der Subalternbeamten im Büreaudienst (Journal, Registratur, Expeditions-, Kalkulatur-, Kassendienst u. dergl.) mit Ausschluß derjenigen, für welche eine besondere wissenschaftliche oder technische Vorbildung erfordert wird.

Bei Annahme von Büreaudiätarien ist nach gleichen Grundsätzen zu verfahren.

5. In welchem Umfange die nicht unter die §§. 3 und 4 fallenden Subaltern- und Unterbeamtenstellen mit Militäranwärtern zu besetzen sind, ist unter Berücksichtigung der Anforderungen des Dienstes zu bestimmen.

6. Insoweit in Ausführung der §§. 4 und 5 einzelne Klassen von Subaltern- und Unterbeamtenstellen für die Militäranwärter nicht mindestens zur Hälfte vorbehalten werden können, hat nach Möglichkeit ein Ausgleich in der Weise stattzufinden, daß andere derartige Stellen desselben Geschäftsbereichs in entsprechender Zahl und Dotirung vorbehalten werden.

7. Ueber die gegenwärtig vorhandenen Subaltern- und Unterbeamtenstellen des Reichs- und Staatsdienstes, welche nach §§. 3 bis 6 für die Militäranwärter vorzubehalten sind, werden Verzeichnisse[1] angelegt.

---

[1] Verzeichniß v. 30. Juni 1885 (Min.Bl. f. d. i. V. S. 165).

Gleichartige Stellen, welche in Zukunft errichtet werden, unterliegen denselben Bestimmungen.

8. Die Anlage D enthält das Verzeichniß der den Militäranwärtern zur Zeit im Reichsdienste vorbehaltenen Stellen.

Die Verzeichnisse bezüglich des Staatsdienstes werden von den einzelnen Bundesregierungen aufgestellt und dem Reichskanzler mitgetheilt. Letzterer wird von etwaigen Ausstellungen gegen diese Verzeichnisse den betheiligten Bundesregierungen Kenntniß geben.

Die Verzeichnisse, sowie etwaige Nachträge zu denselben, werden durch das Central-Blatt für das Deutsche Reich veröffentlicht.[1]

9. Die den Militäranwärtern vorbehaltenen Stellen dürfen mit anderen Personen nicht besetzt werden, sofern sich Militäranwärter finden, welche zu deren Uebernahme befähigt und bereit sind.

Es macht dabei keinen Unterschied, ob die Stellen dauernd oder nur zeitweise bestehen, ob mit denselben ein etatsmäßiges Gehalt oder nur eine diätarische oder andere Remuneration verbunden ist, ob die Anstellung auf Lebenszeit, auf Kündigung oder sonst auf Widerruf geschieht.

Zu vorübergehender Beschäftigung als Hülfsarbeiter oder Vertreter können jedoch auch Nichtversorgungsberechtigte angenommen werden, falls qua-

---

[1] Bekanntmachung v. 26. Novb. 1895 (R.C.Bl. S. 307).

lifizirte Militäranwärter nicht vorhanden sind, deren Eintritt ohne unverhältnißmäßigen Zeitverlust oder Kostenaufwand herbeigeführt werden kann.

10. Insoweit Vorschriften bestehen oder erlassen werden, nach welchen die Besetzung erledigter Stellen erfolgen kann, oder vorzugsweise zu erfolgen hat,

1. mit Beamten, welche einstweilig in den Ruhestand versetzt sind, und Wartegeld oder dem gleich zu erachtende Einnahmen beziehen oder
2. mit solchen Militärpersonen im Offizierrange,[1] welchen die Aussicht auf Anstellung im Civildienste verliehen ist,

finden jene Vorschriften auch auf die Besetzung der den Militäranwärtern vorbehaltenen Stellen Anwendung.

Auch können die den Militäranwärtern vorbehaltenen Stellen verliehen werden:

3. solchen Beamten, welche für ihren Dienst unbrauchbar oder entbehrlich geworden sind und einstweilig oder dauernd in den Ruhestand versetzt werden müßten, wenn ihnen nicht eine den Militäranwärtern vorbehaltene Stelle verliehen würde. Von solchen Verleihungen ist dem zuständigen Kriegsministerium Kenntniß zu geben;
4. den Besitzern des Forstversorgungsscheines gegen Rückgabe dieses Scheines, sofern eine

[1] Kriegsministerieller Erlaß v. 24. August 1883 (Min.Bl. f. d. i. V. S. 210).

Reichsbehörde oder eine Behörde des betreffenden Staates von der Anstellung eines mit diesem Schein Beliehenen einen besonderen Vortheil für den Reichs- oder Staatsdienst erwartet;

5. solchen ehemaligen Militäranwärtern, welche sich in einer auf Grund ihrer Versorgungsansprüche erworbenen etatsmäßigen Anstellung (§. 13) befinden oder in Folge eingetretener Dienstunfähigkeit in den Ruhestand versetzt worden sind;

6. solchen ehemaligen Militärpersonen, welchen der Civilversorgungsschein lediglich um deswillen versagt worden ist, weil sie sich nicht fortgesetzt gut geführt haben und welche von der zuständigen Militärbehörde (§. 1) eine Bescheinigung nach Anlage E erhalten haben;

7. sonstigen Personen, welchen, sofern es sich um den Reichsdienst oder den Dienst der Landesverwaltung von Elsaß-Lothringen handelt, durch Erlaß des Kaisers, in anderen Fällen durch Erlaß des Landesherrn bezw. Senats, ausnahmsweise die Berechtigung zu einer Anstellung verliehen worden ist. Dergleichen Verleihungen sollen jedoch nur für eine bestimmte Stelle oder für einen bestimmten Dienstzweig und auch nur dann beantragt werden, wenn ein besonderes dienstliches Interesse dafür geltend zu machen ist. Die Anträge sind,

wenn die Anstellung im Reichsdienst oder im Dienst der Landesverwaltung von Elsaß-Lothringen erfolgen soll, unter Mitwirkung des Königlich preußischen Kriegsministeriums, wenn die Anstellung im Dienst eines Bundesstaats mit eigener Militärverwaltung oder in der Militärverwaltung desselben erfolgen soll, unter Mitwirkung des zuständigen Kriegsministeriums zu stellen. In den übrigen Bundesstaaten hat den Anträgen eine Mittheilung an die oberste Militärbehörde desjenigen Ersatzbezirkes, innerhalb welches die Stelle besetzt werden soll, voranzugehen. Auch ist dieser Militärbehörde von den ergehenden Entscheidungen, sowie von etwaigen ohne Antrag erfolgten Verleihungen der Anstellungsberechtigung Kenntniß zu geben.

11. Stellen, welche den Militäranwärtern nur theilweise (zur Hälfte, zu einem Drittheil ꝛc.) vorbehalten sind, werden bei eintretenden Vakanzen in einer dem Antheilsverhältniß entsprechenden Reihenfolge mit Militäranwärtern oder Civilanwärtern besetzt, und zwar ohne Rücksicht auf die Zahl der zur Zeit der Besetzung thatsächlich mit der einen oder anderen Klasse von Anwärtern besetzten Stellen.

Wird die Reihenfolge auf Grund des §. 10 unterbrochen, so ist eine Ausgleichung herbeizuführen. Dabei sind Personen, deren Anstellung auf Grund des §. 10 Nr. 1, 3 und 7 erfolgt, als Civilanwärter,

Personen, deren Anstellung auf Grund des §. 10 Nr. 2, 4, 5 und 6 erfolgt, als Militäranwärter in Anrechnung zu bringen.

12. Die Militäranwärter haben sich um die von ihnen begehrten Stellen zu bewerben.

Die Bewerbungen sind an die für die Anstellung zuständigen Reichs- oder Staatsbehörden — Anstellungsbehörden — zu richten, und zwar:

a) seitens der noch im aktiven Militärdienst befindlichen Militäranwärter durch Vermittelung der vorgesetzten Militärbehörde;

b) seitens der Angehörigen einer militärisch organisirten Gendarmerie oder Schutzmannschaft durch Vermittelung der vorgesetzten Dienstbehörde;

c) seitens der übrigen Militäranwärter entweder unmittelbar oder durch Vermittelung des heimathlichen Landwehr-Bezirkskommandos, welches jede eingehende Bewerbung sofort der zuständigen Anstellungsbehörde mittheilt.

13. Die Militäranwärter sind zu den in Rede stehenden Bewerbungen vor oder nach dem Eintritt der Stellenerledigung insolange berechtigt, bis sie eine etatsmäßige Stelle erlangt und angetreten haben, mit welcher Anspruch oder Aussicht auf Ruhegehalt oder dauernde Unterstützung verbunden ist.

14. Die Anstellungsbehörden sind zur Annahme von Bewerbungen nur dann verpflichtet, wenn die Bewerber eine genügende Qualifikation für die frag-

liche Stelle bezw. den fraglichen Dienstzweig nachweisen.

Behufs Feststellung der körperlichen Qualifikation haben die Militärbehörden auf Verlangen die ärztlichen Atteste, auf Grund deren die Ertheilung des Civilversorgungsscheines wegen Invalidität erfolgt ist, mitzutheilen, sofern seit deren Ausstellung noch nicht drei Jahre verflossen sind.

Sind für gewisse Dienststellen oder für gewisse Kategorien von Dienststellen besondere Prüfungen (Vorprüfungen) vorgeschrieben, so hat der Militäranwärter auch diese Prüfungen abzulegen. Auch kann, wenn die Eigenthümlichkeit des Dienstzweiges dies erheischt, die Zulassung zu dieser Prüfung oder die Annahme der Bewerbung überhaupt von einer vorgängigen informatorischen Beschäftigung in dem betreffenden Dienstzweige abhängig gemacht werden, welche in der Regel nicht über drei Monate auszudehnen ist.

Bei allen von Militäranwärtern abzulegenden Prüfungen dürfen an dieselben keine höheren Anforderungen gestellt werden, als an andere Anwärter.

Für „qualifizirt" befundene Bewerber werden Stellenanwärter.

15. Ueber die Bewerbungen um noch nicht vakante Stellen legen die Anstellungsbehörden Verzeichnisse nach Anlage F an, in welche die Stellenanwärter nach dem Datum des Eingangs der ersten Meldung eingetragen werden. War die Qualifikation

noch durch eine Prüfung (Vorprüfung) nachzuweisen, so kann die Eintragung auch nach dem Tage des Bestehens derselben erfolgen.

Die Stellenanwärter haben, so lange sie keine Civilversorgung gefunden, ihre Meldung jährlich zum 1. Dezember zu wiederholen. Diejenigen Bewerbungen, bezüglich welcher eine solche Wiederholung unterlassen wird, sind in dem Verzeichnisse zu streichen; sie können demnächst, auf erneuertes Ansuchen, mit dem Datum des Eingangs der neuen Meldung, wieder eingetragen werden.

16. Stellen, für welche Stellenanwärter nicht notirt sind, werden im Falle der Vakanz durch eine allwöchentlich herauszugebende Liste („Vakanzenliste") bekannt gemacht.

Die Herausgabe der Vakanzenliste veranlaßt das zuständige Kriegsministerium.

Die Aufnahme der Stellen in die Liste vermittelt eine für den Bereich eines oder mehrerer Ersatzbezirke besonders bezeichnete Militärbehörde — Vermittelungsbehörde —, welcher zu diesem Zweck seitens der Anstellungsbehörden Nachweisungen nach Anlage G zuzusenden sind.

17. Ist innerhalb einer Frist von fünf[1] Wochen nach Absendung der Nachweisung eine Bewerbung bei der Anstellungsbehörde nicht eingegangen, so hat dieselbe in der Stellenbesetzung freie Hand.

---

[1] Für Preußen sechs Wochen.

18. Die Reihenfolge, in welcher die Einberufung der Stellenanwärter zu erfolgen hat, bestimmt sich nach folgenden Grundsätzen:

1. Bei Einberufungen für den Dienst eines Bundesstaates kann den diesem Staate angehörigen oder aus dem Kontingente desselben hervorgegangenen Stellenanwärtern vor allen übrigen der Vorzug gegeben werden.
2. Bei Einberufungen für den See-, Küsten- und Seehafendienst sind Unteroffiziere der Marine vor den Unteroffizieren des Landheeres zu berücksichtigen.
3. Insoweit die Grundsätze unter 1 und 2 keinen Vorzug begründen, sind in erster Reihe Unteroffiziere einzuberufen, welche mindestens acht Jahre in dem Heere oder in der Marine aktiv gedient haben. Abweichungen hiervon sind nur in Ausnahmefällen und nur insoweit zulässig, als sie durch ein dringendes dienstliches Interesse bedingt werden.
4. Innerhalb der einzelnen Kategorien von Stellenanwärtern ist bei der Einberufung die Reihenfolge in dem Verzeichniß (§. 15) in Betracht zu ziehen.
5. Die Reichs-Post- und Telegraphenverwaltung wird bei ihren Anstellungen vorzugsweise die Stellenanwärter desjenigen Staates berücksichtigen, in welchem die Vakanz entstanden ist.

19. Die Anstellung eines einberufenen Stellen-

anwärters kann zunächst auf Probe erfolgen oder von einer Probedienstleistung abhängig gemacht werden.

Einberufungen zur Probedienstleistung werden nur erfolgen, insoweit Stellen (§. 9 Absatz 2) offen sind; eine Entlassung Einberufener wegen mangelnder Vakanz wird nicht stattfinden.

Die Probezeit soll, vorbehaltlich der Abkürzung bei früher erwiesener Qualifikation, in der Regel höchstens betragen:

a) für den Dienst als Post- oder Telegraphen-Assistent ein Jahr,
b) für den Dienst in der Eisenbahnverwaltung mit Ausschluß der im §. 3 bezeichneten Stellen ein Jahr,
c) für den Dienst bei der Reichsbank ein Jahr,
d) für den Dienst in der Verwaltung der Zölle und indirekten Steuern ein Jahr,
e) für den Dienst in der Straßen- und Wasserbauverwaltung mit Ausschluß der in §. 3 bezeichneten Stellen ein Jahr,
f) für den nicht unter a bis e fallenden Reichs- und Staatsdienst sechs Monate.

Spätestens bei Beendigung der Probezeit hat die Anstellungsbehörde darüber Beschluß zu fassen, ob der Stellenanwärter in seiner Stelle zu bestätigen, bezw. in den Civildienst zu übernehmen, oder wieder zu entlassen ist.

20. Stellenanwärter, welche sich noch im aktiven

Militärdienst befinden, werden auf Veranlassung der Anstellungsbehörde durch die vorgesetzte Militärbehörde für die Dauer der Probezeit abkommandirt. Eine Verlängerung der letzteren über die im §. 19 bezeichneten Fristen hinaus ist unzulässig.

21. Den Stellenanwärtern ist während der Anstellung auf Probe das volle Stelleneinkommen, während der Probedienstleistung eine fortlaufende Remuneration von nicht weniger als Dreiviertheil des Stelleneinkommens zu gewähren.

22. Konkurriren bei der etatsmäßigen Besetzung einer den Militäranwärtern vorbehaltenen Stelle mehrere bereits einberufene, aber noch nicht etatsmäßig (§. 13) angestellte Stellenanwärter, so finden die im §. 18 festgestellten Grundsätze sinngemäß Anwendung. Einen Anspruch auf vorzugsweise Berücksichtigung haben jedoch die ehemaligen, mindestens acht Jahre gedienten Unteroffiziere nicht denjenigen Stellenanwärtern gegenüber, deren Gesammtdienstzeit (aktive Militärdienstzeit und Dienstzeit in dem betreffenden Dienstzweige) von längerer Dauer ist, als die von ihnen selbst zurückgelegte.

Nichtversorgungsberechtigte, welche für eine den Militäranwärtern ausschließlich vorbehaltene Stelle einberufen worden sind, weil kein geeigneter Stellenanwärter vorhanden war, sind bezüglich der etatsmäßigen Anstellung den Stellenanwärtern, welche nicht nach mindestens achtjähriger aktiver Dienstzeit aus dem Heere oder der Marine als Unteroffizier ausgeschieden sind, gleichzuachten. Jedoch dürfen dieselben nicht vor solchen qualifizirten Stellenanwärtern etatsmäßig angestellt werden, welche in demselben Dienstzweige eine gleiche oder längere Dienstzeit zurückgelegt haben. Dasselbe gilt für die in §. 10 Nr. 7 bezeichneten Personen, sofern ihnen die Anstellungsfähigkeit für einen bestimmten Dienstzweig und nicht nur für eine bestimmte Stelle verliehen worden ist.

Das Aufrücken in höhere Diensteinnahmen und die Beförderung in Stellen höherer Klasse erfolgt lediglich nach den für die einzelnen Dienstzweige maßgebenden Bestimmungen. Der Besitz des Civilversorgungsscheins begründet dabei keinen Anspruch auf Bevorzugung. Jene Bestimmungen dürfen jedoch ebensowenig Beschränkungen zu ungunsten der Militäranwärter enthalten, vielmehr ist thunlichst darauf Bedacht zu nehmen, daß denselben Gelegenheit zur Erwerbung der Qualifikation für das Aufrücken in höhere Dienststellen geboten werde.

Ist für das Aufrücken in höhere Diensteinnahmen oder für die Beförderung in höhere Dienststellen die Gesammtdienstzeit entscheidend, so wird dieselbe für Militäranwärter mindestens von dem Beginn der Probezeit in dem betreffenden Dienstzweige ab berechnet.

23. Von der Besetzung der den Militäranwärtern vorbehaltenen Stellen haben die Anstellungsbehörden am Schlusse des Quartals den Vermittelungsbehörden ihres Bezirks durch Zusendung einer Nachweisung nach Anlage H Mittheilung zu machen.

Die Vermittelungsbehörden veranlassen eine entsprechende Bekanntmachung in der Vakanzenliste.

24. Zur Kontrole darüber, daß bei der Besetzung der den Militäranwärtern im Reichsdienst vorbehaltenen Stellen den vorstehenden Grundsätzen gemäß verfahren wird, ist außer den Ressortchefs der Rechnungshof verpflichtet.

Sobald ein Stellenanwärter im Reichsdienst angestellt wird, ist der ersten Anweisung für die Zahlung des Gehalts oder der Remuneration beglaubigte Abschrift des Civilversorgungsscheins beizufügen.

Nach erfolgter etatsmäßiger Anstellung (§. 13) wird der Civilversorgungsschein selbst zu den Akten genommen.

Ist die Besetzung einer vorbehaltenen Stelle des Reichsdienstes durch einen Nichtversorgungsberechtigten erfolgt, so ist zu der Rechnung, aus welcher diese Besetzung zum ersten Male ersichtlich wird, zu bescheinigen und auf Erfordern dem Rechnungshof nachzuweisen, daß bei der Besetzung der Stelle den vorstehenden Grundsätzen genügt worden ist.

Die gleiche Verpflichtung, wie den Ressortchefs und dem Rechnungshofe ist bezüglich der Stellen im Staatsdienst den obersten Verwaltungsbehörden oder nach Anordnung der Landesregierungen den höchsten Rechnungs-Revisionsstellen in den einzelnen Bundesstaaten aufzuerlegen.

Erfolgt die Besetzung der Stellen durch eine oberste Staatsbehörde, so bedarf es eines Nachweises vor der Rechnungs-Revisionsstelle nicht.

25. Im Falle der Eröffnung einer gerichtlichen Untersuchung gegen einen Militäranwärter ist der Civilversorgungsschein zu den Untersuchungsakten einzufordern. Führt die Untersuchung zu einem rechtskräftigen Erkenntniß, welches auf die zeitige Unfähigkeit zur Bekleidung öffentlicher Aemter oder auf eine Strafe lautet, welche die dauernde oder zeitige Unfähigkeit zur Bekleidung öffentlicher Aemter von Rechtswegen zur Folge hat, so ist der Civilversorgungsschein unter Mittheilung der Urtheilsformel derjenigen Militärbehörde zu übersenden, welche den Schein ertheilt hat (§. 1). Andernfalls ist der Civilversorgungsschein derjenigen Behörde zu übersenden, bei welcher der Militäranwärter angestellt oder beschäftigt ist, Militäranwärtern aber, welche im Civildienst noch nicht angestellt oder beschäftigt sind, zurückzugeben.

26. Der Civilversorgungsschein ist verwirkt, wenn gegen den Inhaber rechtskräftig auf eine Strafe erkannt worden ist, welche die dauernde Unfähigkeit zur Bekleidung öffentlicher Aemter von Rechtswegen zur Folge hat.

Lautet das rechtskräftige Erkenntniß nur auf

zeitige Unfähigkeit zur Bekleidung öffentlicher Aemter oder auf eine Strafe, welche die zeitige Unfähigkeit zur Bekleidung öffentlicher Aemter zur Folge hat, so wird der Civilversorgungsschein nach Ablauf der Zeit, auf welche sich die Wirkung des Erkenntnisses erstreckt, zurückgegeben, zuvor jedoch von der Militärbehörde (§. 25) mit einem, den wesentlichen Inhalt des Erkenntnisses wiedergebenden Vermerk versehen. Die Anstellung des Inhabers in einer den Militäranwärtern vorbehaltenen Stelle ist lediglich dem freien Ermessen der betheiligten Behörden überlassen.

27. Erfolgt das Ausscheiden aus der Stelle unfreiwillig aus anderen, als den im §. 26 bezeichneten Gründen, so sind dieselben in dem Civilversorgungsschein zu vermerken, bevor dessen Rückgabe erfolgt.

Hat die unfreiwillige Entlassung eines Militäranwärters in Folge einer den Mangel an ehrliebender Gesinnung verrathender Handlung oder wegen fortgesetzt schlechter Dienstführung stattgefunden, so sind die Behörden zur Berücksichtigung des Anstellungsgesuchs nicht verpflichtet.

28. Erfolgt das Ausscheiden aus der Stelle freiwillig, aber ohne Pension, so ist dies gleichfalls in dem Civilversorgungsschein zu vermerken, bevor dessen Rückgabe erfolgt.

29. Der Civilversorgungsschein erlischt, sobald sein Inhaber aus dem Civildienste mit Pension (§.13)

in den Ruhestand tritt. Eine Rückgabe des Civilversorgungsscheins findet in diesem Falle nicht statt.

30. Bereits erworbene Ansprüche werden durch vorstehende Grundsätze nicht berührt.

31. Vorstehende Grundsätze treten mit dem 1. Oktober 1882, für Elsaß-Lothringen mit dem 1. Oktober 1884 in Kraft.

Erläuterungen

zu den

Grundsätzen, betreffend die Besetzung der Subaltern- und Unterbeamtenstellen bei den Reichs- und Staatsbehörden mit Militäranwärtern.

I. **Zu §. 1.** Der Civilversorgungsschein giebt dem Inhaber kein Recht auf eine bestimmte Dienststelle.

II. **Zu §. 2.** Gemeindedienststellen[1] fallen nicht unter die Bestimmungen des Entwurfs.

III. **Zu §. 3 ꝛc.**

1. Stellen oder Verrichtungen, welche als Nebenamt versehen werden, fallen nicht unter die Bestimmungen des Entwurfs; dieselben sind daher den den Militäranwärtern vorbehaltenen Stellen nicht zuzuzählen.
2. Bei Berechnung der Zahl der den Militäranwärtern vorzubehaltenden Stellen sind diejenigen Stellen nicht in Betracht zu ziehen, bezüglich welcher den Anstellungsbehörden freie Hand gelassen ist.

---

[1] Ueber diese vgl. Gesetz v. 21. Juli 1892 (G.S. S. 214).

IV. **Zu §. 7.** Stellen, deren Inhaber — wenn sie auch in Pflichten genommen sein sollten — ihr Einkommen nicht unmittelbar aus der Staatskasse beziehen (Privatgehülfen), brauchen in die nach §. 7 anzulegenden Verzeichnisse nicht aufgenommen zu werden.

V. **Zu §. 8.** Das dem §. 8 als Anlage D angehängte Verzeichniß der Stellen im Reichsdienst präjudizirt den von den Landesregierungen aufzustellenden Verzeichnissen nicht.

VI. **Zu §§. 9 und 10.** Die in §. 9 Abs. 1 enthaltene Regel, daß die den Militäranwärtern vorbehaltenen Stellen mit anderen Personen nicht besetzt werden dürfen, sofern befähigte und zur Uebernahme der Stellen bereite Militäranwärter vorhanden sind, steht — abgesehen von den Ausnahmen des §. 10 — der Anwendung der Bestimmungen in §. 22 Abs. 3 und in §. 30 nicht entgegen. Auch bleibt den Landesregierungen die Befugniß, Versetzungen von Beamten (Bediensteten im weiteren Sinne) von Stelle zu Stelle vorzunehmen. Eine solche Versetzung in eine den Militäranwärtern vorbehaltene Stelle darf jedoch nur dann erfolgen, wenn dadurch eine den Militäranwärtern nach Maßgabe dieser Grundsätze zugängliche Stelle frei wird. Auch von solchen Versetzungen ist dem zuständigen Kriegsministerium Kenntniß zu geben.

VII. **Zu §. 12.** Die Anstellungsbehörden werden durch die Landesregierungen bestimmt. Diesen soll unbenommen sein, Zentralstellen einzurichten, an welche sämmtliche Bewerbungen ausschließlich zu richten sind, welchen die Anstellungsbehörden die zu besetzenden Stellen mitzutheilen haben und welche den Anstellungsbehörden die bei Einberufung der Stellenanwärter in Betracht zu ziehende Reihenfolge bezeichnen.

VIII. **Zu §. 16.** Die Vermittelungsbehörden werden von den in den einzelnen Bundesstaaten zuständigen Organen bestimmt.

IX. **Zu §. 18.** Als aus dem Kontingent Elsaß-Lothringens hervorgegangen werden alle diejenigen betrachtet, welche einem in Elsaß-Lothringen garnisonirenden Truppentheil angehört haben.

X. **Zu §. 30.** Es handelt sich hier nicht um erworbene R e c h t s ansprüche, sondern um Anwartschaften; so soll insbesondere ein erworbener Anspruch dann als vorhanden angenommen werden, wenn für gewisse Dienstzweige die Prüfung bestanden oder der Vorbereitungsdienst zum größeren Theil absolvirt ist.

II. Nebenämter ꝛc.

7.

Kabinetsorder vom 13. Juli 1839, die für die Folge rücksichtlich der Uebernahme von Nebenämtern durch Staatsbeamte zu beobachtenden Bestimmungen betreffend.[1]

(G.S. S. 235.)

Um den Nachtheilen vorzubeugen, welche bei Staatsbeamten aus der Annahme von Nebenämtern entstehen können, sollen nach den Mir von dem Staatsministerium in dem Berichte vom 14. v. M. gemachten Vorschlägen, von jetzt an folgende Bestimmungen zur Anwendung kommen:

1. Kein Staatsbeamter darf ein Nebenamt oder eine Nebenbeschäftigung, mit welcher eine fortlaufende Remuneration verbunden ist, ohne vorgängige ausdrückliche Genehmigung[2] der-

---

[1] Beziehen sich nur auf die unmittelbaren Staatsbeamten. Kab.-Ordre v. 25. Juli 1840 (Just.Min.Bl. S. 287.)

Zusammenstellung der gesetzlichen Vorschriften und der allgemeinen Verwaltungsvorschriften im Just.Min.Bl. 1893 S. 3.

[2] Die Genehmigung ist auch zur Uebernahme des Amts eines Magistratsmitgliedes oder Stadtverordneten erforderlich; Staatsministerialbeschluß v. 2. März 1851 (Just.Min.Bl. S. 151). Ebenso eines Schiedsmanns; §. 2 der Schiedsmannsordnung v. 29. März 1879 (G.S. S. 321). Ueber die Ablehnung von Kreis- und Gemeindeämtern vgl. Kreisordnung v. 13. Dezember 1872, §§ 8, 25.

jenigen Centralbehörden übernehmen, welchen das Haupt- und das Nebenamt untergeben sind.

2. Die betreffenden Centralbehörden haben sich in jedem einzelnen Falle über die, den obwaltenden besonderen Umständen entsprechenden Bedingungen, wovon die Ertheilung der Genehmigung abhängig zu machen ist, zu vereinigen. — Verabredungen, wonach ein Beamter, um eine Nebenstelle oder Nebenbeschäftigung zu übernehmen, sich in seinem Hauptamte, wenn auch auf eigene Kosten, ganz oder theilweise vertreten lassen will, sind unzulässig.

3. Die Uebertragung von Nebenämtern oder Nebenbeschäftigungen darf in der Regel nur auf Widerruf stattfinden. Die Centralbehörden des Haupt- wie des Nebenamts sind gleich befugt, diesen Widerruf eintreten zu lassen, ohne daß eine Beschwerde darüber zulässig ist, oder eine Entschädigung für den Verlust der mit dem Nebenamte oder Geschäfte verbundenen Einnahmen oder Vortheile in Anspruch genommen werden kann. Die von Mir selbst genehmigten Ernennungen zu Nebenämtern sind jedoch als bleibende zu betrachten. — Aus besonderen Gründen können auch die Centralbehörden ausnahmsweise Nebenämter oder Nebenbeschäftigungen entweder bleibend oder doch auf bestimmte Jahre übertragen, oder zu

einer solchen Uebertragung die Genehmigung ertheilen. — Es muß dieß aber bei der Verleihung oder der Genehmigung der Annahme ausdrücklich bemerkt werden, indem sonst der Widerruf jederzeit zulässig bleibt.

4. Mit alleiniger Ausnahme der Fälle, in denen eine in den Etats aufgeführte Stelle als Nebenamt bleibend verliehen ist, kann von dem mit Nebenämtern oder Geschäften verbundenen Einkommen auf Pension[1] niemals Anspruch gemacht werden, wogegen von diesem Einkommen auch keine Pensionsbeiträge zu entrichten sind. In so weit jedoch das Diensteinkommen eines Nebenamts bei der Berechnung der Pensionsbeiträge bisher mit berücksichtigt worden ist, dauert die Entrichtung dieser Beiträge und der entsprechende Pensionsanspruch so lange fort, bis dieses Nebenamt anderweitig verliehen wird.

5. Alle Einnahmen und Emolumente, welche ein Beamter außer dem mit seinem Hauptamte verbundenen Einkommen aus Staats-, Instituten-, Korporations- oder anderen Kassen und Fonds bezieht, müssen in demjenigen Etat, worin das Hauptamt aufgeführt ist, genau vor der Linie vermerkt werden. Auch ist in dem Jahresetat, worin eine solche Neben-Einnahme zum ersten Male erscheint, nachzuweisen,

[1] Vergl. §. 12 des Pensionsgesetzes.

daß bei deren Verleihung den vorstehenden Vorschriften genügt worden.

Ich beauftrage das Staatsministerium, diese Bestimmungen, von denen ohne Meine spezielle Genehmigung niemals abgewichen werden darf, durch die Gesetzsammlung bekannt zu machen.

Berlin, den 13. Juli 1839.

Friedrich Wilhelm.

An das Staatsministerium.

8.

Gesetz, betreffend die Betheiligung der Staatsbeamten bei der Gründung und Verwaltung von Aktien-, Kommandit- und Bergwerks-Gesellschaften. Vom 10. Juni 1874.

(G.S. S. 244.)

1. Unmittelbare Staatsbeamte dürfen ohne Genehmigung des vorgesetzten Ressortministers nicht Mitglieder des Vorstandes, Aufsichts- oder Verwaltungsrathes von Aktien-, Kommandit- oder Bergwerks-Gesellschaften sein, und nicht in Komités zur Gründung solcher Gesellschaften eintreten.

Eine solche Mitgliedschaft ist gänzlich verboten, wenn dieselbe mittelbar oder unmittelbar mit einer Remuneration oder mit einem anderen Vermögensvortheile verbunden ist. Jedoch können die vor der Publikation dieses Gesetzes bereits ertheilten Genehmigungen, sofern sich aus der Benutzung derselben keine Unzuträglichkeiten ergeben haben, bis zum 1. Januar 1876 in Kraft belassen werden.

2. Solchen unmittelbaren Staatsbeamten, welche aus der Staatskasse eine fortlaufende Besoldung oder Remuneration nicht beziehen, oder welche nach der Natur ihres Amtes neben dieser Besoldung noch auf einen anderen Erwerb hingewiesen sind (Medizinalbeamte u. s. w.), kann die Genehmigung, auch wenn mit der Mitgliedschaft ein Vermögensvortheil verknüpft ist, ertheilt werden, sofern die Uebernahme der letzteren nach dem Ermessen des vorgesetzten Ressortministers mit dem Interesse des Staatsdienstes vereinbar erscheint.

3. Die ertheilte Genehmigung ist jederzeit widerruflich.

4. Auf Rechtsanwalte, Advokatanwalte und Notarien, sowie auf einstweilen in den Ruhestand versetzte Beamte finden die Bestimmungen dieses Gesetzes keine Anwendung.

9.

Allgemeine Gewerbeordnung. Vom 17. Januar 1845.

(G.S. S. 41.)

19. Die in Reihe und Glied stehenden Militairpersonen, so wie alle unmittelbare und mittelbare Staatsbeamten, auch solche, die ihr Amt unentgeltlich verwalten, bedürfen zu dem Betriebe eines Gewerbes der Erlaubniß ihrer vorgesetzten Dienstbehörde, sofern nicht das Gewerbe mit der Bewirthschaftung eines ihnen gehörigen ländlichen Grund-

stückes verbunden, oder sonst durch besondere gesetzliche Bestimmungen ein Anderes angeordnet ist.

Diese Erlaubniß muß auch zu dem Gewerbebetriebe ihrer Ehefrauen, der in ihrer väterlichen Gewalt stehenden Kinder, ihrer Dienstboten und anderer Mitglieder ihres Hausstandes eingeholt werden.

10.

Gewerbeordnung für den Norddeutschen Bund. Vom 21. Juni 1869.

(R.G.Bl. S. 245.)

12. Diejenigen Beschränkungen, welche in Betreff des Gewerbebetriebes für Personen des Soldaten- und Beamtenstandes, sowie deren Angehörigen bestehen, werden durch das gegenwärtige Gesetz nicht berührt.

11.

Verfassungs-Urkunde für den Preußischen Staat. Vom 31. Januar 1850.

(G.S. S. 17.)

78. (Absatz 2). Beamte bedürfen keines Urlaubs zum Eintritt in die Kammer.*)

12.

Verfassung des Deutschen Reichs. Vom 16. April 1871.

(R.G.Bl. S. 63.)

21. Beamte bedürfen keines Urlaubs zum Eintritt in den Reichstag.

*) Auch nicht zur Uebernahme eines Mandats als Kreistags-Abgeordneter. Erlaß v. 24. Novbr. 1873 (Min.Bl. f. d. i. V. 1874 S. 94).

13.

Vormundschaftsordnung vom 5. Juli 1875.

(G.S. S. 431.)

22. Wer ein Staatsamt oder ein besoldetes Amt in der Kommunal- oder Kirchenverwaltung bekleidet, bedarf zur Führung einer von dem Vormundschaftsgericht eingeleiteten Vormundschaft der Genehmigung der zunächst vorgesetzten Behörde.

26. Abs. 5. Auf die Berufung und Bestellung des Gegenvormundes finden die für die Berufung und Bestellung des Vormundes geltenden Vorschriften entsprechende Anwendung.

91. Auf die Pflegschaft finden die Vorschriften dieses Gesetzes über die Vormundschaft entsprechende Anwendung; die Bestellung eines Gegenvormundes ist nicht erforderlich.

Die Pflegschaft hört auf, wenn der Grund zu deren Einleitung gehoben ist.

14.

Deutsches Gerichtsverfassungsgesetz. Vom 27. Januar 1877.

(R.G.Bl. S. 41.)

34. Zu dem Amte eines Schöffen sollen ferner nicht berufen werden:

1. Minister;
4. Staatsbeamte, welche auf Grund der Landesgesetze jederzeit einstweilig in den Ruhestand versetzt werden können;[1]

[1] Siehe Disziplinargesetz v. 21. Juli 1852 §. 87. Nr. 2 und v. 28. Septbr. 1867 Art. VI.

5. richterliche Beamte und Beamte der Staatsanwaltschaft;
6. gerichtliche und polizeiliche Vollstreckungsbeamte;
7. Religionsdiener;
8. Volksschullehrer;

. . . .

Die Landesgesetze können außer den vorbezeichneten Beamten höhere Verwaltungsbeamte bezeichnen, welche zu dem Amte eines Schöffen nicht berufen werden sollen.

85. (Absatz 2.) Die Vorschriften der §§. 32—35 über die Berufung zum Schöffenamte finden auch auf das Geschworenenamt Anwendung.

15.

Ausführungsgesetz zum Deutschen Gerichtsverfassungsgesetz. Vom 24. April 1878.

(G.S. S. 230.)

33. Zu dem Amte eines Schöffen sollen außer den im §. 34 des Deutschen Gerichtsverfassungsgesetzes bezeichneten Beamten nicht berufen werden:

1. die vortragenden Räthe der Ministerien, einschließlich des Generalinspektors des Katasters;
2. die Provinzialsteuerdirektoren;
3. der Dirigent der Direktion für die Verwaltung der direkten Steuern in Berlin;
4. die Mitglieder des Oberverwaltungsgerichtes, sowie die ständigen Mitglieder der Bezirksver-

verwaltungsgerichte[1] und des Verwaltungs-gerichts für die Stadt Berlin.

44. Die Vorschriften des §. 33 über die Berufung zum Schöffenamte finden auch auf das Geschworenenamt Anwendung.

16.[2]

Deutsche Civilprozeßordnung. Vom 30. Januar 1877.

(R.G.Bl. S. 83.)

341. Oeffentliche Beamte, auch wenn sie nicht mehr im Dienste sind, dürfen über Umstände, auf welche sich ihre Pflicht zur Amtsverschwiegenheit[3] bezieht, als Zeugen nur mit Genehmigung ihrer vorgesetzten Dienstbehörde oder der ihnen zuletzt vorgesetzt gewesenen Dienstbehörde vernommen werden. Für den Reichskanzler bedarf es der Genehmigung des Kaisers, für die Minister der Genehmigung des Landesherrn, für die Mitglieder der Senate der freien Hansestädte der Genehmigung des Senats.

Die Genehmigung darf nur versagt werden, wenn

---

[1] Jetzt Bezirksausschüsse.

[2] Gilt auch für das Beschlußverfahren vor Verwaltungsbehörden und für das Verwaltungsstreitverfahren. §§. 78, 120 des Ges. über die allgem. Landesverwaltung v. 30. Juli 1883 (G.S.S. 195).

Zu 16 u. 17: Erlasse v. 6. April 1883 (Min.Bl. f. d. i. V. S. 81), 17. Mai 1883 (Just. Min.Bl. S. 155), 24. Mai 1886 (Just.Min.Bl. S. 137, Min.Bl. f. d. i. V. S. 181) und 19. Februar 1895 (J.M.Bl. S. 56).

[3] Siehe Kab.-Order v. 21. November 1835, oben Nr. 8.

die Ablegung des Zeugnisses dem Wohle des Reichs oder eines Bundesstaates Nachtheil bereiten würde.

Die Genehmigung ist durch das Prozeßgericht einzuholen und dem Zeugen bekannt zu machen.

372. Der zum Sachverständigen Ernannte hat der Ernennung Folge zu leisten, wenn er zur Erstattung von Gutachten der erforderten Art öffentlich bestellt ist, oder wenn er die Wissenschaft, die Kunst oder das Gewerbe, deren Kenntniß Voraussetzung der Begutachtung ist, öffentlich zum Erwerbe ausübt, oder wenn er zur Ausübung derselben öffentlich bestellt oder ermächtigt ist.

Zur Erstattung des Gutachtens ist auch derjenige verpflichtet, welcher sich zu derselben vor Gericht bereit erklärt hat.

373. Abs. 2. Die Vernehmung eines öffentlichen Beamten als Sachverständigen findet nicht statt, wenn die vorgesetzte Behörde des Beamten erklärt, daß die Vernehmung den dienstlichen Interessen Nachtheile bereiten würde.

17.

Deutsche Strafprozeßordnung.

Vom 1. Februar 1877.

(R.G.Bl. S. 253.)

53. — Gleichlautend mit §. 341 Abs. 1 u. 2. der Civilprozeßordnung. —

75. Desgl. mit §. 372.

76. Abs. 2. Desgl. mit §. 373 Abs. 2.

III. Militärverhältnisse.

18.

Reichs-Militärgesetz*) vom 2. Mai 1874 (R.G.Bl. S. 45) und Gesetz, betr. Ergänzungen und Aenderungen des Reichs-Militärgesetzes. Vom 6. Mai 1880.

(R.G.Bl. S. 103.)

65. Reichs-, Staats- und Kommunalbeamte, sowie Angestellte der Eisenbahnen, welche der Reserve oder Landwehr angehören, dürfen für den Fall einer Mobilmachung oder nothwendigen Verstärkung des Heeres hinter den ältesten Jahrgang der Landwehr zurückgestellt werden, wenn ihre Stellen selbst vorübergehend nicht offen gelassen werden können und eine geeignete Vertretung nicht zu ermöglichen ist.

Personen des Beurlaubtenstandes und der Ersatzreserve, welche ein geistliches Amt in einer mit Korporationsrechten innerhalb des Bundesgebietes bestehenden Religionsgesellschaft bekleiden, werden zum Dienste mit der Waffe nicht herangezogen. Außerdem findet auf dieselben die Bestimmung des ersten Absatzes dieses Paragraphen Anwendung.

66.[1] Reichs-, Staats- und Kommunalbeamte sollen durch ihre Einberufung zum Militärdienst in

*) Siehe noch deutsche Wehrordnung v. 22. Novbr. 1888 (R.C.Bl. 1889 S. 1) §§. 22, 25, 125 ff., und Kriegs-Besoldungs-Vorschrift.

1) Ausführungsbestimmungen v. 8. Mai 1888 (R.C.Bl.

ihren bürgerlichen Dienstverhältnissen keinen Nachtheil erleiden.

Ihre Stellen, ihr persönliches Diensteinkommen aus denselben und ihre Anciennetät, sowie alle sich daraus ergebenden Ansprüche bleiben ihnen in der Zeit der Einberufung zum Militärdienst gewahrt. Erhalten dieselben Offizierbesoldung, so kann ihnen der reine Betrag derselben auf die Civilbesoldung angerechnet werden; denjenigen, welche einen eigenen Hausstand mit Frau oder Kind haben, beim Verlassen ihres Wohnortes jedoch nur, wenn und soweit das reine Civileinkommen und Militärgehalt zusammen den Betrag von 3 600 Mark jährlich übersteigen.

Nach denselben Grundsätzen sind pensionirte oder auf Wartegeld stehende Civilbeamte hinsichtlich ihrer Pensionen oder Wartegelder zu behandeln, wenn sie bei einer Mobilmachung in den Kriegsdienst eintreten.

Obige Vergünstigungen kommen nach ausgesprochener Mobilmachung auch denjenigen in ihren Civilstellungen abkömmlichen Reichs- und Staatsbeamten zu Gute, welche sich freiwillig in das Heer aufnehmen lassen.

Die näheren Bestimmungen bleiben den einzelnen Bundesregierungen überlassen.

S. 169) u. Cirk. v. 17. Juli 1888 (Min.Bl. f. d. i. V. S. 121).

Hinsichtlich der militärischen Friedensübungen Reskr. v. 20. August 1886 (Min.Bl. f. d. i. V. S. 197).

19.

Allerhöchster Erlaß, betreffend die Anrechnung der Militärdienstzeit auf das Dienstalter der Civilbeamten.[1] Vom 14. Dezember 1891.

(J.M.Bl. S. 361, Min.Bl. f. d. i. V. 1892 S. 81.)

1. Den höheren Beamten, bei denen die Fähigkeit zur Bekleidung ihres Amtes von dem Bestehen einer Prüfung abhängt, wird bei Bestimmung des Dienstalters, sofern dieselbe gemäß dem Zeitpunkte des Bestehens der Prüfung zu erfolgen hat, die Zeit, welche sie während ihrer Studienzeit oder ihres Vorbereitungsdienstes in Erfüllung der aktiven Dienstpflicht im stehenden Heere oder in der Marine gedient haben, in so weit in Anrechnung gebracht, als in Folge der Erfüllung der aktiven Dienstpflicht die Ablegung der bezeichneten Prüfung später stattgefunden hat.

2. Den Subalternbeamten wird bei Feststellung des Dienstalters, welches für ihre Berufung zur ersten etatsmäßigen Anstellung in Betracht kommt, die Zeit, welche sie während ihrer Ausbildungs- oder Vorbereitungszeit in Erfüllung der aktiven Dienstpflicht im stehenden Heere oder in der Marine gedient haben, bis zum Höchstbetrage eines Jahres in so weit in Anrechnung gebracht, als sie in Folge der Erfüllung der Dienstpflicht die Befähigung zur

---

[1] Vgl. Cirk.Erl. des Just.Min. v. 29. Dezember 1892 (Min.Bl. f. d. i. V. 1893 S. 40) u. Staatsministerial-Beschluß v. 22. Juni 1894 (S. 195).

Bekleidung des betreffenden Amtes später erlangt haben.

3. Die in den Subalterndienst übernommenen Militäranwärter sollen bei Feststellung ihrer Anciennetät um ein Jahr oder, wenn die Invalidität vor Ablauf eines Jahres eingetreten ist, um die thatsächlich abgeleistete aktive Dienstzeit zurückdatirt werden, sobald sie eine etatsmäßige Anstellung erhalten.

4. Anderen als den in Nr. 1 und 2 bezeichneten Beamten, welche nicht zu den Unterbeamten gehören, kann die Zeit, welche sie in Erfüllung der aktiven Dienstpflicht im stehenden Heere oder in der Marine gedient haben, in entsprechender Anwendung der Bestimmungen in Nr. 1 von dem Ressortchef bei Bestimmung des Dienstalters in Anrechnung gebracht werden.

5. Diese Vorschriften treten am 1. Januar 1892 in Kraft.

6. Das Dienstalter eines Beamten kann in Anwendung der Vorschriften in Nr. 1 bis 4 nicht früher als vom 1. Januar 1892 bestimmt werden. Beamte der gleichen Dienstgattung, deren Dienstalter vom 1. Januar 1892 bestimmt worden ist, während es in Anwendung der bezeichneten Vorschriften von einem früheren Zeitpunkte zu bestimmen gewesen wäre, werden in ihrem Verhältnisse zu einander so behandelt, als wenn ihr Dienstalter von dem letzteren Zeitpunkte bestimmt worden wäre.

IV. Disziplinarverhältnisse.

20.

Gesetz, betr. die Dienstvergehen der nicht richterlichen Beamten, die Versetzung derselben auf eine andere Stelle oder in den Ruhestand.

Vom 21. Juli 1852.

(G.S. S. 465.)

Wir Friedrich Wilhelm ꝛc. ꝛc. verordnen, mit Zustimmung der Kammern, was folgt:

1. Das gegenwärtige Gesetz findet unter den darin ausdrücklich gemachten Beschränkungen auf alle in unmittelbarem oder mittelbarem Staatsdienste stehenden Beamten Anwendung, die nicht unter die Bestimmungen des die Richter betreffenden Gesetzes vom 7. Mai 1851 fallen.[1]

Erster Abschnitt.

Allgemeine Bestimmungen über Dienstvergehen und deren Bestrafung.

2. Ein Beamter, welcher

1. die Pflichten verletzt, die ihm sein Amt auferlegt,*) oder

---

[1] Hinsichtlich der Mitglieder des Oberverwaltungsgerichts s. §§. 20—25 des Gesetzes, betr. die Verfassung der Verwaltungsgerichte und das Verwaltungsstrafverfahren v. 3. Juli 1875 / 2. August 1880 (G.S v. 1880 S. 328); wegen der Subaltern- u. Unterbeamten bei diesem Gericht §. 30 a desselben Gesetzes, sowie Gesetz, betr. das Disziplinarverfahren bei dem Oberverwaltungsgericht v. 8. Mai 1889 (G.S. S. 107).

*) Siehe insbesondere Nr. 2. 3. 4. 7 ff. 23.

2. sich durch sein Verhalten in oder außer dem Amte der Achtung, des Ansehens oder des Vertrauens, die sein Beruf erfordert, unwürdig zeigt,

unterliegt den Vorschriften dieses Gesetzes.

3. Ist eine der unter §. 2 fallenden Handlungen (Dienstvergehen) zugleich in den gemeinen Strafgesetzen vorgesehen, so können die durch dieselben angedrohten Strafen nur auf Grund des gewöhnlichen Strafverfahrens von denjenigen Gerichten ausgesprochen werden, welche für die gewöhnlichen Strafsachen zuständig sind.

4. Im Laufe einer gerichtlichen Untersuchung darf gegen den Angeschuldigten ein Disziplinarverfahren wegen der nämlichen Thatsachen nicht eingeleitet werden.

Wenn im Laufe eines Disziplinarverfahrens wegen der nämlichen Thatsachen eine gerichtliche Untersuchung gegen den Angeschuldigten eröffnet wird, so muß das Displinarverfahren bis zur rechtskräftigen Erledigung des gerichtlichen Verfahrens ausgesetzt werden.

5. Wenn von den gewöhnlichen Strafgerichten auf Freisprechung erkannt ist, so findet wegen derjenigen Thatsachen, welche in der gerichtlichen Untersuchung zur Erörterung gekommen sind, ein Disziplinarverfahren nur noch insofern statt, als dieselben an sich und ohne ihre Beziehung zu dem gesetzlichen Thatbestande der Uebertretung, des Ver-

gehens oder des Verbrechens, welche den Gegenstand der Untersuchung bildeten, ein Dienstvergehen enthalten.

Ist in einer gerichtlichen Untersuchung eine Verurtheilung ergangen, welche den Verlust des Amtes nicht zur Folge gehabt hat, so bleibt derjenigen Behörde, welche über die Einleitung des Disziplinarverfahrens zu verfügen hat, die Entscheidung darüber vorbehalten, ob außerdem ein Disziplinarverfahren einzuleiten oder fortzusetzen sei.

6. Spricht das Gesetz bei Dienstvergehen, welche Gegenstand eines Disziplinarverfahrens werden, die Verpflichtung zur Wiedererstattung oder zum Schadenersatze, oder eine sonstige civilrechtliche Verpflichtung aus, so gehört die Klage der Betheiligten vor das Civilgericht, jedoch vorbehaltlich der Bestimmung des §. 100.

7. Ist von dem gewöhnlichen Strafrichter auf eine Freiheitsstrafe von längerer als einjähriger Dauer, auf eine schwerere Strafe, auf Verlust der bürgerlichen Ehre, auf zeitige Untersagung der Ausübung der bürgerlichen Ehrenrechte, auf immerwährende oder zeitige Unfähigkeit zu öffentlichen Aemtern oder auf Stellung unter Polizeiaufsicht erkannt, so zieht das Straferkenntniß den Verlust des Amtes von selbst nach sich, ohne daß darauf besonders erkannt wird.

8. Ein Beamter, welcher sich ohne den vorschriftsmäßigen Urlaub von seinem Amte entfernt hält

oder den ertheilten Urlaub überschreitet, ist, wenn ihm nicht besondere Entschuldigungsgründe zur Seite stehen, für die Zeit der unerlaubten Entfernung seines Diensteinkommens verlustig.

9. Dauert die unerlaubte Entfernung länger als acht Wochen, so hat der Beamte die Dienstentlassung verwirkt.

Ist der Beamte dienstlich aufgefordert worden, sein Amt anzutreten oder zu demselben zurückzukehren, so tritt die Strafe der Dienstentlassung schon nach fruchtlosem Ablauf von vier Wochen seit der ergangenen Aufforderung ein.

10. Die Entziehung des Diensteinkommens (§. 8) wird von derjenigen Behörde verfügt, welche den Urlaub zu ertheilen hat. Im Falle des Widerspruchs findet das förmliche Disziplinarverfahren statt.

11. Die Dienstentlassung kann nur im Wege des förmlichen Disziplinarverfahrens ausgesprochen werden. Sie wird nicht verhängt, wenn sich ergiebt, daß der Beamte ohne seine Schuld von seinem Amte fern gewesen ist.

12. Die Einleitung eines Disziplinarverfahrens wegen unerlaubter Entfernung vom Amte und die Dienstentlassung vor Ablauf der Fristen (§. 9) ist nicht ausgeschlossen, wenn sie durch besonders erschwerende Umstände als gerechtfertigt erscheint.

13. Die in dem §. 9 erwähnte Aufforderung, sowie alle anderen Aufforderungen, Mittheilungen, Zustellungen und Vorladungen, welche nach den

Bestimmungen dieses Gesetzes erfolgen, sind gültig und bewirken den Lauf der Fristen, wenn sie demjenigen, an den sie ergehen, unter Beobachtung der für gerichtliche Insinuationen*) vorgeschriebenen Formen in Person zugestellt oder wenn sie in seiner letzten Wohnung an dem Orte insinuirt werden, wo er seinen letzten Wohnsitz im Inlande hatte. Die vereideten Verwaltungsbeamten haben dabei den Glauben der Gerichtsboten.

14. Die Disziplinarstrafen bestehen in
Ordnungsstrafen,
Entfernung aus dem Amte.

15. Ordnungsstrafen sind:

1. Warnung,
2. Verweis,
3. Geldbuße,
4. gegen untere Beamte auch Arreststrafe auf die Dauer von höchstens acht Tagen, welche jedoch nur in solchen Räumen zu vollstrecken ist, die den Verhältnissen der zu bestrafenden Beamten angemessen sind.

Zu dieser Beamtenklasse werden im Allgemeinen nur gerechnet: Exekutoren, Boten, Kastellane, Diener und die zu ähnlichen, sowie die zu blos mechanischen Funktionen bestimmten Beamten. Außerdem ist das Staatsministerium ermächtigt, in der Steuer-, Post-,**) Polizei-

*) Strafprozeßordnung §. 37 u. Civilprozeßordnung §§. 152—190. **) Postbeamte sind jetzt Reichsbeamte.

und Eisenbahn-Verwaltung diejenigen Beamten-Kategorien speziell zu bezeichnen, gegen welche Arreststrafen verhängt werden können.

16. Die Entfernung aus dem Amte kann bestehen:

1. in Versetzung in ein anderes Amt von gleichem Range, jedoch mit Verminderung des Diensteinkommens und Verlust des Anspruches auf Umzugskosten, oder mit einem von beiden Nachtheilen.

Diese Strafe findet nur auf Beamte im unmittelbaren Staatsdienste Anwendung.

2. in Dienstentlassung.

Diese Strafe zieht den Verlust des Titels und Pensions-Anspruches von selbst nach sich; es wird darauf nicht besonders erkannt, es sei denn, daß vor Beendigung des Disziplinarverfahrens aus irgend einem von dessen Ergebniß unabhängigen Grunde das Amtsverhältniß bereits aufgehört hat und daher auf Dienstentlassung nicht mehr zu erkennen ist.

Gehört der Angeschuldigte zu den Beamten, welche einen Anspruch auf Pension haben, und lassen besondere Umstände eine mildere Beurtheilung zu, so ist die Disziplinarbehörde ermächtigt, in ihrer Entscheidung zugleich festzusetzen, daß dem Angeschuldigten ein Theil des reglementsmäßigen Pensionsbetrages auf Lebenszeit oder auf gewisse Jahre als Unterstützung zu verabreichen sei.

17. Welche der in den §§. 14 bis 16 bestimmten Strafen anzuwenden sei, ist nach der größeren oder geringeren Erheblichkeit des Dienstvergehens mit Rücksicht auf die sonstige Führung des Angeschuldigten zu ermessen, unbeschadet der besonderen Bestimmungen der §§. 8 und 9.

Zweiter Abschnitt.

Von dem Disziplinarverfahren.

18. Jeder Dienstvorgesetzte ist zu Warnungen und Verweisen gegen seine Untergebenen befugt.

19. In Beziehung auf die Verhängung von Geldbußen ist die Befugniß der Dienstvorgesetzten begrenzt, wie folgt*):

Die Vorsteher derjenigen Behörden, welche unter den Provinzialbehörden stehen, einschließlich die Landräthe, können gegen die ihnen selbst untergebenen Beamten, sowie gegen die Beamten der ihnen untergeordneten Behörden Geldbußen bis zu drei Thalern verfügen. Gleiche Befugniß haben die Vorsteher der Postanstalten in Bezug auf ihre Untergebenen und die Postinspektoren in Bezug auf die Unterbeamten ihres Bezirks.

Andere Vorgesetzte der unteren Beamten dürfen

---

*) Siehe ferner Kreis- und Provinzialordnung, sowie das Zuständigkeitsgesetz. Wegen der Post-, Telegraphen- u. Militärbeamten s. jetzt Reichsbeamtengesetz v. 31. März 1873 (R.G.Bl. S. 61). Wegen der Eisenbahnbeamten s. Gesetz v. 17. Juni 1880 (G.S. S. 271) u. §. 6 der Verwaltungsordnung v. 15 Dezb. 1894 (G.S. 1895 S. 14).

solche Geldbußen nur insofern verfügen, als ihnen die Befugniß zur Verhängung von Geldbußen durch besondere Gesetze oder auf Grund solcher Gesetze erlassene Instruktionen beigelegt ist.

Den Ober-Postdirektoren, dem Telegraphendirektor, sowie den von der Staatsregierung eingesetzten Behörden der Eisenbahnverwaltung steht die Befugniß zu, gegen alle ihnen untergebenen Beamten Geldbußen bis zu zehn Thalern zu verhängen.

Die Provinzialbehörden sind ermächtigt, die ihnen untergeordneten Beamten mit Geldbuße bis zu dreißig Thalern zu belegen, besoldete Beamte jedoch nicht über den Betrag des einmonatlichen Diensteinkommens hinaus.

Gleiche Befugniß haben die Vorsteher der Provinzialbehörden in Ansehung der bei letzteren angestellten unteren Beamten.

Die Minister haben die Befugniß, allen ihnen unmittelbar oder mittelbar untergebenen Beamten Geldbußen bis zum Betrage des monatlichen Diensteinkommens, unbesoldeten Beamten aber bis zur Summe von dreißig Thalern aufzuerlegen.

Welche Beamten im Sinne dieses Paragraphen zu den unteren zu rechnen sind, wird durch das Staatsministerium bestimmt.

20. Nur diejenigen Dienstvorgesetzten, welche gegen die, in §. 15 Nr. 4 bezeichneten Beamten Geldbuße verhängen können, sind ermächtigt, gegen dieselben Arreststrafen zu verfügen.

Diejenigen Vorgesetzten, deren Strafgewalt auf Geldbuße bis zu drei Thalern beschränkt ist, dürfen bei den Arreststrafen das Maaß von drei Tagen nicht überschreiten.

21. Gegen die Verfügung von Ordnungsstrafen findet nur Beschwerde im vorgeschriebenen Instanzenzuge statt.

22. Der Entfernung aus dem Amte muß ein förmliches Disziplinarverfahren vorhergehen. Dasselbe besteht in der von einem Kommissar zu führenden schriftlichen Voruntersuchung und in einer mündlichen Verhandlung nach den folgenden näheren Bestimmungen.

23. Die Einleitung des Disziplinarverfahrens wird verfügt und der Untersuchungs-Kommissar ernannt:

1. wenn die Entscheidung der Sache vor den Disziplinarhof gehört (§. 24 Nr. 1), von dem Minister, welcher dem Angeschuldigten vorgesetzt ist.

   Ist jedoch Gefahr im Verzuge, so kann diese Verfügung und Ernennung vorläufig von dem Vorsteher der Provinzialbehörde des Ressorts ausgehen. Es ist alsdann die Genehmigung des Ministers einzuholen und, sofern dieselbe versagt wird, das Verfahren einzustellen;
2. in allen anderen Fällen von dem Vorsteher der Behörde, welche die entscheidende Disziplinarbehörde bildet (§. 24 Nr. 2), oder von dem vorgesetzten Minister.

24. Die entscheidenden Disziplinarbehörden erster Instanz sind:

1. der Disziplinarhof zu Berlin (§. 29) in Ansehung derjenigen Beamten, zu deren Anstellung nach den Bestimmungen, welche zur Zeit der verfügten Einleitung der Untersuchung gelten, eine von dem Könige oder von den Ministern ausgehende Ernennung, Bestätigung oder Genehmigung erforderlich ist;
2. die Provinzialbehörden,[1] als:
   die Regierungen,
   die Provinzial-Schulkollegien,
   die Provinzial-Steuerdirektionen,
   die Oberbergämter,
   die Generalkommissionen,
   die Militairintendanturen,[2]
   das Polizeipräsidium zu Berlin,
   die Eisenbahnkommissariate,
   in Ansehung aller Beamten, die bei ihnen angestellt oder ihnen untergeordnet und nicht vorstehend unter 1. begriffen sind.

Den Provinzialbehörden werden in dieser Beziehung gleichgestellt die unter den Ministern stehenden Central-Verwaltungsbehörden in Dienst-

---

[1] Jetzt auch die Direktion der Verwaltung der direkten Steuern in Berlin, s. §. 45 des Gesetzes über die allgemeine Landesverwaltung v. 30. Juli 1883 (G.S. S. 195), die Eisenbahndirektionen (G.S. 1895 S. 11) u. a.

[2] Für diese ist jetzt das Reichsbeamtengesetz maßgebend.

zweigen, für welche keine Provinzialbehörden bestehen, sowie die Generallandschafts- und Hauptritterschafts-Direktionen.

25. Für diejenigen Kategorien von Beamten, welche nicht unter den im §. 24 bezeichneten begriffen sind, ist die entscheidende Disziplinarbehörde die Regierung, in deren Bezirk sie fungiren und für die in Berlin oder im Auslande fungirenden die Regierung in Potsdam.

26. Die Zuständigkeit der Provinzialbehörden kann von dem Staatsministerium auf einzelne Kategorien solcher Beamten ausgedehnt werden, welche von den Ministern ernannt oder bestätigt werden, aber nicht zu den etatsmäßigen Mitgliedern einer Provinzialbehörde gehören.

27. Für den Fall, daß bei der zuständigen Disziplinarbehörde die beschlußfähige Anzahl von Mitgliedern nicht vorhanden ist, oder wenn auf den Antrag des Beamten der Staatsanwaltschaft oder des Angeschuldigten der Disziplinarhof das Vorhandensein von Gründen anerkennt, aus welchen die Unbefangenheit der zuständigen Disziplinarbehörde bezweifelt werden kann, tritt eine andere durch das Staatsministerium substituirte Disziplinarbehörde an deren Stelle.

28. Streitigkeiten über die Kompetenz der Disziplinarbehörden als solcher werden von dem Staatsministerium, nach Vernehmung des Gutachtens des Disziplinarhofes, entschieden.

29. Der Disziplinarhof besteht aus einem Präsidenten und zehn anderen Mitgliedern, von denen wenigstens vier zu den Mitgliedern des Obertribunals*) gehören müssen.

Die Mitglieder des Disziplinarhofes werden von dem Könige auf drei Jahre ernannt.

Ein Mitglied, welches im Laufe dieser Periode ernannt wird, bleibt nur bis zum Ende derselben in Thätigkeit.

Die ausscheidenden Mitglieder können wieder ernannt werden.

30. Zur Erledigung der Disziplinarsachen ist bei dem Disziplinarhofe die Theilnahme von wenigstens sieben Mitgliedern mit Einschluß des Vorsitzenden erforderlich, von denen wenigstens zwei zu den Mitgliedern des Obertribunals gehören müssen.

31. Bei den Provinzialbehörden werden die Disziplinarsachen in besonderen Plenarsitzungen erledigt, an welchen mindestens drei stimmberechtigte Mitglieder Theil nehmen müssen. In diesen Plenarsitzungen steht, bei den Regierungen, den Mitgliedern derselben nur dasjenige Stimmrecht zu, welches ihnen durch die allgemeinen Vorschriften für Verhandlung im Plenum beigelegt ist. Bei den übrigen Provinzialbehörden nehmen an den zur Erledigung der Disziplinarsachen bestimmten Plenarsitzungen nur die etatsmäßigen Mitglieder und diejenigen Theil,

---

*) Jetzt das Kammergericht.

welche eine etatsmäßige Stelle versehen. Bei den Eisenbahnkommissariaten*) tritt zur Erledigung der Disziplinarsachen der, ein= für allemal hierzu bestimmte Kommissarius der Regierung, in deren Bezirk das Eisenbahnkommissariat seinen Sitz hat, in Berlin der Justitiarius des Polizeipräsidiums ein. Alle in dieser Weise zur Theilnahme Berufenen haben ein volles Stimmrecht, auch wenn die Behörde sonst keine kollegialische Einrichtung hat.

32. In der Voruntersuchung wird der Angeschuldigte unter Mittheilung der Anschuldigungspunkte vorgeladen und, wenn er erscheint, gehört; es werden die Zeugen eidlich vernommen und die zur Aufklärung der Sache dienenden sonstigen Beweise herbeigeschafft.

Die Verrichtungen der Staatsanwaltschaft werden durch einen Beamten wahrgenommen, welchen die Behörde ernennt, von der die Einleitung des Disziplinarverfahrens verfügt wird.

Bei der Vernehmung des Angeschuldigten und dem Verhöre der Zeugen ist ein vereideter Protokollführer zuzuziehen.

33. Der dem Angeschuldigten vorgesetzte Minister ist ermächtigt, mit Rücksicht auf den Ausfall der Voruntersuchung, das fernere Verfahren einzustellen und geeigneten Falles nur eine Ordnungsstrafe zu verhängen.

*) Sind hinweggefallen.

Ist eine sonstige Behörde, welche die Einleitung der Untersuchung verfügt hat, der Ansicht, daß das fernere Verfahren einzustellen sei, so muß sie darüber an den Minister zu dessen Beschlußnahme berichten.

In beiden Fällen erhält der Angeschuldigte Ausfertigung des darauf bezüglichen, mit Gründen zu unterstützenden Beschlusses.

34. Wird das Verfahren nicht eingestellt, so wird nach Eingang einer von dem Beamten der Staatsanwaltschaft anzufertigenden Anschuldigungsschrift der Angeschuldigte unter abschriftlicher Mittheilung dieser Anschuldigungsschrift zu einer, von dem Vorsitzenden der Disziplinarbehörde zu bestimmenden Sitzung zur mündlichen Verhandlung vorgeladen.

35. Bei der mündlichen Verhandlung, welche in nicht öffentlicher Sitzung stattfindet, giebt zuerst ein von dem Vorsitzenden der Behörde aus der Zahl ihrer Mitglieder ernannter Referent eine Darstellung der Sache, wie sie aus den bisherigen Verhandlungen hervorgeht.

Der Angeschuldigte wird vernommen.

Es wird darauf der Beamte der Staatsanwaltschaft mit seinem Vor- und Antrage und der Angeschuldigte in seiner Vertheidigung gehört.

Dem Angeschuldigten steht das letzte Wort zu.

36. Wenn die Behörde auf den Antrag des Angeschuldigten oder des Beamten der Staatsanwaltschaft, oder auch von Amtswegen die Vernehmung eines oder mehrerer Zeugen, sei es durch einen Kommissar, oder mündlich vor der Behörde selbst, oder die Herbeischaffung anderer Mittel zur Aufklärung der Sache für angemessen erachtet, so erläßt sie die erforderliche Verfügung und verlegt nöthigenfalls die Fortsetzung der Sache auf einen anderen Tag, welcher dem Angeschuldigten bekannt zu machen ist.

37. Der Angeschuldigte, welcher erscheint, kann sich des Beistandes eines Advokaten oder Rechtsanwaltes als Vertheidigers bedienen. Der nicht erscheinende Angeschuldigte kann sich durch einen Advokaten oder Rechtsanwalt vertreten lassen. Der Disziplinarbehörde steht es jedoch jederzeit zu, das persönliche Erscheinen des Angeschuldigten unter der Warnung zu verordnen, daß, bei seinem Ausbleiben, ein Vertheidiger zu seiner Vertretung nicht werde zugelassen werden.

38. Bei der Entscheidung hat die Disziplinarbehörde, ohne an positive Beweisregeln gebunden zu sein, nach ihrer freien, aus dem ganzen Inbegriffe der Verhandlungen und Beweise geschöpften Ueberzeugung zu beurtheilen, in wieweit die Anschuldigung für begründet zu erachten.

Die Entscheidung kann auch auf eine bloße Ordnungsstrafe lauten.

Die Entscheidung, welche mit Gründen versehen sein muß, wird in der Sitzung, in welcher die mündliche Verhandlung beendigt worden ist, oder in einer der nächsten Sitzungen verkündigt und eine Ausfertigung derselben dem Angeschuldigten auf sein Verlangen ertheilt.

39. Ueber die mündliche Verhandlung wird ein Protokoll aufgenommen, welches die Namen der Anwesenden und die wesentlichen Momente der Verhandlung enthalten muß. Das Protokoll wird von dem Vorsitzenden und dem Protokollführer unterzeichnet.

40. Das Rechtsmittel des Einspruches (Restitution oder Opposition) findet nicht statt.

41. Gegen die Entscheidung steht die Berufung an das Staatsministerium, sowohl dem Beamten der Staatsanwaltschaft, als dem Angeschuldigten offen.

42. Die Anmeldung der Berufung geschieht zu Protokoll oder schriftlich bei der Behörde, welche die anzugreifende Entscheidung erlassen hat. Von Seiten des Angeschuldigten kann sie auch durch einen Bevollmächtigten geschehen.

Die Frist zu dieser Anmeldung ist eine vierwöchentliche, welche mit dem Ablaufe des Tages, an welchem die Entscheidung verkündigt worden ist, und für den Angeschuldigten, welcher hierbei nicht zugegen war, mit dem Ablaufe des Tages beginnt, an welchem ihm die Entscheidung zugestellt worden ist.

43. Zur schriftlichen Rechtfertigung der Berufung steht demjenigen, der dieselbe rechtzeitig angemeldet hat, eine fernere vierzehntägige Frist offen.

Diese Frist kann auf den Antrag des Appellanten angemessen verlängert werden.

Neue Thatsachen, welche die Grundlagen einer andern Beschuldigung bilden, dürfen in zweiter Instanz nicht vorgebracht werden.

44. Die Anmeldung der Berufung und die etwa eingegangene Appellationsschrift wird dem Appellaten in Abschrift zugestellt oder dem Beamten der Staatsanwaltschaft, falls er Appellat ist, in Urschrift vorgelegt.

Innerhalb vierzehn Tagen nach erfolgter Zustellung oder Vorlegung kann der Appellat eine Gegenschrift einreichen.

Diese Frist kann auf den Antrag des Appellaten angemessen verlängert werden.

45. Nach Ablauf der in dem §. 44 bestimmten Frist werden die Akten an das Staatsministerium eingesandt.

Das Staatsministerium beschließt auf den Vortrag eines von dem Vorsitzenden ernannten Referenten; in Sachen jedoch, in welchen der Disziplinarhof in erster Instanz geurtheilt hat, auf den Vortrag zweier von dem Vorsitzenden ernannten Referenten, von denen einer dem Justizministerium angehören muß.

Ist die Berufung von der Entscheidung einer Provinzialbehörde eingelegt, so kann das Staatsministerium keinen Beschluß fassen, bevor das Gutachten des Disziplinarhofes eingeholt worden ist.

Der Disziplinarhof kann die zur Aufklärung der Sache etwa erforderlichen Verfügungen erlassen. Er kann auch eine mündliche Verhandlung anordnen, zu welcher der Angeschuldigte vorzuladen und ein Beamter der Staatsanwaltschaft zuzuziehen ist. Der Letztere wird in diesem Falle vom Minister des Ressorts bezeichnet.

46. Lautet die Entscheidung oder das Gutachten des Disziplinarhofes auf Freisprechung des Angeschuldigten, oder nur auf Warnung oder Verweis, so kann das Staatsministerium, wenn es den Angeschuldigten strafbar findet, nicht die Strafe der Dienstentlassung, sondern nur eine geringere Disziplinarstrafe verhängen, oder die einstweilige Versetzung in den Ruhestand mit Wartegeld verfügen.

47. Eine jede Entscheidung der Disziplinarbehörde, gegen die kein Rechtsmittel mehr stattfindet und durch welche die Dienstentlassung ausgesprochen ist, bedarf der Bestätigung des Königs, wenn der Beamte vom Könige ernannt oder bestätiget worden ist.

Dritter Abschnitt.

Vorläufige Dienstenthebung.

48. Die Suspension eines Beamten vom Amte tritt kraft des Gesetzes ein:

1. wenn in dem gerichtlichen Strafverfahren seine Verhaftung beschlossen, oder gegen ihn ein noch nicht rechtskräftig gewordenes Urtheil erlassen

ist, welches auf den Verlust des Amtes lautet, oder diesen kraft des Gesetzes nach sich zieht;
2. wenn im Disziplinarverfahren eine noch nicht rechtskräftige Entscheidung ergangen ist, welche auf Dienstentlassung lautet.

49. In dem im vorhergehenden Paragraphen unter Nr. 1 vorgesehenen Falle dauert die Suspension bis zum Ablauf des zehnten Tages nach Wiederaufhebung des Verhaftungsbeschlusses oder nach eingetretener Rechtskraft desjenigen Urtheils höherer Instanz, durch welches der angeschuldigte Beamte zu einer anderen Strafe als der bezeichneten verurtheilt wird.

Lautet das rechtskräftige Urtheil auf Freiheitsstrafe, so dauert die Suspension bis das Urtheil vollstreckt ist. Wird die Vollstreckung des Urtheils, ohne Schuld des Verurtheilten, aufgehalten oder unterbrochen, so tritt für die Zeit des Aufenthaltes oder der Unterbrechung eine Gehaltsverkürzung (§. 51) nicht ein. Dasselbe gilt für die im ersten Absatze dieses Paragraphen erwähnte Zeit von zehn Tagen, wenn nicht vor Ablauf derselben die Suspension vom Amte im Wege des Disziplinarverfahrens beschlossen wird.

In dem §. 48 unter Nr. 2 erwähnten Falle dauert die Suspension bis zur Rechtskraft der in der Disziplinarsache ergehenden Entscheidung.

50. Die zur Einleitung der Disziplinaruntersuchung ermächtigte Behörde kann die Suspension, sobald gegen den Beamten ein gerichtliches Strafverfahren eingeleitet, oder die Einleitung einer Disziplinaruntersuchung verfügt wird oder auch demnächst im ganzen Laufe des Verfahrens bis zur rechtskräftigen Entscheidung verfügen.

51. Der suspendirte Beamte behält während der Suspension die Hälfte seines Diensteinkommens.

Auf die für Dienstunkosten besonders angesetzten Beträge ist bei Berechnung der Hälfte des Diensteinkommens keine Rücksicht zu nehmen.

Der innebehaltene Theil des Diensteinkommens ist zu den Kosten, welche durch die Stellvertretung des Angeschuldigten verursacht werden, der etwaige Rest zu den Untersuchungskosten zu verwenden. Einen weiteren Beitrag zu den Stellvertretungskosten zu leisten, ist der Beamte nicht verpflichtet.

52. Der zu den Kosten (§. 51) nicht verwendete Theil des Einkommens wird dem Beamten nicht nachgezahlt, wenn das Verfahren die Entfernung aus dem Amte zur Folge gehabt hat.

Erinnerungen über die Verwendung des Einkommens stehen dem Beamten nicht zu; wohl aber ist ihm auf Verlangen eine Nachweisung über diese Verwendung zu ertheilen.

53. Wird der Beamte freigesprochen, so muß ihm der innebehaltene Theil des Diensteinkommens vollständig nachgezahlt werden.

Wird er nur mit einer Ordnungsstrafe belegt, so ist ihm der innebehaltene Theil, ohne Abzug der

Stellvertretungskosten, nachzuzahlen, soweit derselbe nicht zur Deckung der Untersuchungskosten und der Ordnungsstrafe erforderlich ist.

54. Wenn Gefahr im Verzuge ist, kann einem Beamten auch von solchen Vorgesetzten, die seine Suspension zu verfügen nicht ermächtigt sind, die Ausübung der Amtsverrichtungen vorläufig untersagt werden; es ist aber darüber sofort an die höhere Behörde zu berichten.

Vierter Abschnitt.

Nähere und besondere Bestimmungen in Betreff der Beamten der Justizverwaltung.

(Wegen der gegenwärtigen Bezeichnung der Gerichte s. §§. 2, 3, 8 der Novelle von 1879, wegen der Polizeianwalte s. §. 15, der Beamten der gerichtlichen Polizei §. 16 der Novelle.)

55. Hinsichtlich der Beamten der Justizverwaltung, welche kein Richteramt bekleiden, gelten die nachfolgenden näheren Bestimmungen.

56. Der Justizminister kann gegen alle Beamte Ordnungsstrafen jeder Art (§§. 15, 19) verhängen, vorbehaltlich der in den §§. 66 bis 68 enthaltenen Einschränkungen.

57. Der Staatsanwalt bei einem Appellationsgerichte (Oberstaatsanwalt, Generalprokurator) ist befugt, gegen alle im Bezirke des Appellationsgerichts angestellten Beamten der Staatsanwaltschaft Warnungen und Verweise gegen die Beamten der

Staatsanwaltschaft bei den Polizeigerichten[1] (Polizeianwalte) und gegen die Beamten der gerichtlichen Polizei Warnungen, Verweise und Geldbuße bis zu zehn Thalern zu verhängen.

Die Art. 280, 281, 282 der Rheinischen Strafprozeßordnung sind aufgehoben.

58. Der Staatsanwalt bei einem Gerichte erster Instanz (Oberprokurator) ist befugt, allen Beamten der Staatsanwaltschaft und der gerichtlichen Polizei im Bezirke dieses Gerichtes Warnungen zu ertheilen.[2]

59. Die Vorgesetzten, welche außer dem Justizminister befugt sind, von Amtswegen oder auf den Antrag der Staatsanwaltschaft gegen Büreau- und Unterbeamte der Gerichte Ordnungsstrafen[3] zu verhängen, sind, vorbehaltlich der Bestimmungen der §§. 60 und 61:

1. Der Erste Präsident des Obertribunals[4] rc. Die Geldbuße darf die Summe von dreißig Thalern nicht übersteigen.
2. Der Erste Präsident eines Appellationsgerichts, in Ansehung der Beamten innerhalb des Appellationsgerichtsbezirks, mit der nämlichen Beschränkung in Betreff der Geldbußen.

---

[1] Jetzt Amts- und Schöffengerichte.

[2] S. §. 19 der Novelle von 1879.

[3] Vgl. auch §§. 80, 81 des Ausführungsgesetzes zum Deutschen Gerichtsverfassungsgesetz v. 24. April 1878 (G.S. S. 230).

[4] Jetzt aufgehoben.

3. Der Präsident[1] oder Direktor eines Gerichts erster Instanz in Ansehung der Beamten innerhalb des Bezirks dieses Gerichts. Die Geldbuße darf die Summe von zehn Thalern nicht übersteigen.
4. Der Dirigent einer Kreisgerichtsdeputation[2] ꝛc. Die Geldbuße darf die Summe von drei Thalern nicht übersteigen.
5. Der Einzelrichter in Ansehung der bei dem Gerichte (der Gerichtskommission)[3] angestellten Beamten mit der nämlichen Beschränkung in Betreff der Geldbuße.
6. Der Präsident des Revisionskollegiums[4] in Ansehung der bei dieser Behörde angestellten Beamten. Die Geldbuße darf die Summe von dreißig Thalern nicht übersteigen.
7. Der Generalauditeur in Ansehung der bei dem Generalauditoriate angestellten oder dieser Behörde untergeordneten Beamten[5] ꝛc.

60. 61.[6]

62. Die Beschwerde gegen Ordnungsstrafen geht:

---

[1] Auch der Amtsgerichtspräsident beim Amtsgericht Berlin I, Gesetz v. 10. April 1892 (G.S. S. 77).

[2] Jetzt aufgehoben.

[3] Amtsgericht.

[4] Oberlandeskulturgericht.

[5] Unterstehen jetzt den Vorschriften des Reichsbeamtengesetzes.

[6] §§. 60, 61 fallen weg zufolge §§. 18, 19 der Novelle.

1. in den Fällen des §. 59 Nr. 1 und 2 an den Justizminister;
2. in den Fällen des §. 59 Nr. 3, 4 und 5[1] an den Ersten Präsidenten des Appellationsgerichts, und von dessen Verfügung an den Justizminister;
3. von den Verfügungen eines Beamten der Staatsanwaltschaft an den höheren Beamten derselben, und von dessen Verfügung an den Justizminister;
4. in den Fällen des §. 59 Nr. 6 an den Minister für die landwirthschaftlichen Angelegenheiten;
5. in den Fällen des §. 59 Nr. 7 an den Kriegsminister.

63. Die Bestimmungen über die Entfernung aus dem Amte (§. 23 Nr. 1, §§. 24 ff.) finden auf die Beamten der Staatsanwaltschaft Anwendung. In Ansehung der Polizeianwalte und der Beamten der gerichtlichen Polizei ist deren sonstige amtliche Eigenschaft für die Zuständigkeit der Disziplinarbehörde maßgebend.

64. Hinsichtlich der Büreau- und Unterbeamten bei den Gerichten (§. 59) treten folgende Modifikationen ein:

1. Die Verfügung wegen Einleitung des Disziplinarverfahrens steht, auch bei den von dem

[1] Zu 5 zunächst an den Landgerichtspräsidenten.

Justizminister ernannten Beamten, dem Appellationsgerichte, und die Ernennung des Untersuchungskommissars dem Ersten Präsidenten des Gerichts zu, unbeschadet der Befugniß des Justizministers zu dieser Verfügung und Ernennung;

2. die entscheidende Disziplinarbehörde erster Instanz[1] ist das Appellationsgericht, und zwar in derjenigen Abtheilung, in welcher der Erste Präsident gewöhnlich den Vorsitz führt;
3. der Staatsanwalt bei dem Appellationsgerichte kann die Einleitung des Disziplinarverfahrens beantragen. Es werden demselben vor dem Abschlusse der Voruntersuchung die Akten zur Stellung seines Antrages vorgelegt;
4. wenn der Beamte bei dem Revisionskollegium[2] angestellt ist, so werden die den Appellationsgerichten und deren Ersten Präsidenten unter Nr. 1 und 2 beigelegten Befugnisse von dieser Behörde und deren Präsidenten wahrgenommen, unbeschadet der Befugniß des Ministers für die landwirthschaftlichen Angelegenheiten, die Einleitung der Untersuchung zu verfügen und den Kommissar zu ernennen;
5. ist der Beamte bei dem Generalauditoriate[3] 2c.

65.[4]

---

[1] Jetzt §. 11 der Novelle von 1879.

[2] Jetzt Oberlandeskulturgericht.

[3] Vgl. Note zu §. 59 Nr. 7.

[4] §. 65 durch §§. 17, 18 der Novelle von 1879 aufgehoben.

66.[1] Auf die Advokaten; Rechtsanwalte und Notarien finden nur die Bestimmungen der §§. 2 bis 7 und der §§. 48 bis 50 dieses Gesetzes Anwendung.

Im Uebrigen gelten die nachstehenden Vorschriften (§§. 67 bis 77).

67. Hinsichtlich der Notarien im Bezirke des Rheinischen Appellationsgerichtshofes zu Köln verbleibt es bei der Verordnung vom 15. April 1822.[2]

Wegen der Amtssuspension gelten die Bestimmungen des letzten Absatzes des §. 65.

68. bis **76.**[3]

77.[4] Wenn ein Rechtsanwalt, ein Notar oder ein Gerichtsvollzieher durch Blindheit, Taubheit oder ein sonstiges körperliches Gebrechen, oder wegen Schwäche seiner körperlichen oder geistigen Kräfte zu der Erfüllung seiner Amtspflichten dauernd unfähig ist, so hat der Staatsanwalt bei dem Appellationsgerichte ihn oder seinen nöthigenfalls zu bestellenden Kurator schriftlich unter Angabe der Gründe zur Niederlegung des Amtes aufzufordern.

Tritt innerhalb sechs Wochen nach dieser Auf-

---

[1] Gilt nur noch für Notare. Vergl. auch §. 22 der Novelle von 1879 und §§. 7, 8 des Notariatsgesetzes v. 8. März 1880 (G.S. S. 177).

[2] Vgl. Gesetz v. 13. April 1888 (G.S. S. 72).

[3] Durch die Rechtsanwaltsordnung v. 1. Juli 1878 (R.G.Bl. S. 177) ersetzt.

[4] Gilt nur noch für Notare. Vgl. auch §. 22 der Novelle von 1879 und §§. 7, 8 des Notariatsgesetzes v. 8. März 1880 (G.S. S. 177).

forderung die freiwillige Niederlegung des Amtes nicht ein, so beschließt das Appellationsgericht in seiner Plenarversammlung, nachdem das im §. 61 des die Richter betreffenden Gesetzes vom 7. Mai 1851 vorgeschriebene und geeigneten Falls das im §. 62 daselbst zugelassene Verfahren stattgefunden hat, nach Anhörung der Staatsanwaltschaft endgültig darüber, ob der Fall der Niederlegung des Amtes vorliege.

Beschließt das Gericht, daß dieser Fall vorhanden sei, so kann der Justizminister die Stelle für erledigt erklären.

Fünfter Abschnitt.

Besondere Bestimmungen in Betreff der Gemeindebeamten.

78.[1]

Sechster Abschnitt.

Besondere Bestimmungen in Betreff der Beamten der Militairverwaltung[2].

Siebenter Abschnitt.

Besondere Bestimmungen in Betreff der Entlassung von Beamten, welche auf Widerruf angestellt sind, der Referendarien u. s. w.

83. Beamte, welche auf Probe, auf Kündigung,

[1] Jetzt Gesetz über die allgem. Landesverwaltung v. 30. Juli 1883 (G.S. S. 195) §§. 14, 32, 39, 157, Kreisordnung §§. 68, 134, Provinzialordnung §§. 51, 98, Zuständigkeitsgesetz §§. 20, 36.

[2] An Stelle des Abschnitts treten die Bestimmungen des Reichsbeamtengesetzes.

oder sonst auf Widerruf angestellt sind, können ohne ein förmliches Disziplinarverfahren von der Behörde, welche ihre Anstellung verfügt hat, entlassen werden.

Dem auf Grund der Kündigung entlassenen Beamten ist in allen Fällen bis zum Ablaufe der Kündigung sein volles Diensteinkommen zu gewähren.

84. Referendarien oder Auskultatoren, welche durch eine tadelhafte Führung zu der Belassung im Dienste sich unwürdig zeigen, oder in ihrer Ausbildung nicht gehörig fortschreiten, können von dem vorgesetzten Minister, nach Anhörung der Vorsteher der Provinzial-Dienstbehörde, ohne weiteres Verfahren aus dem Dienste entlassen werden.

85. In Ansehung der Entlassung der Supernumerarien und der sonst zur Erlernung des Dienstes bei den Behörden beschäftigten Personen kommen die darauf bezüglichen besonderen Bestimmungen zur Anwendung.

86. In Bezug auf Kanzleidiener, Boten, Kastellane und andere in gleicher Kategorie stehende oder blos zu mechanischen Dienstleistungen bestimmte Diener, welche bei den obersten Verwaltungsbehörden oder in solchen Verwaltungszweigen angestellt sind, in welchen keine Provinzialdienstbehörden bestehen, entscheidet endgültig der Minister, nach Anhörung des Angeschuldigten und auf den Vortrag zweier Referenten, zu denen stets ein Justitiar oder, wenn ein solcher bei der Verwaltungsbehörde

nicht angestellt ist, ein Rath des Justizministeriums gehören muß.

Achter Abschnitt.

Verfügungen im Interesse des Dienstes, welche nicht Gegenstand eines Disziplinarverfahrens sind.

87. Die nachbenannten Verfügungen, welche im Interesse des Dienstes getroffen werden können, sind nicht Gegenstand des Disziplinarverfahrens, vorbehaltlich des im §. 46 vorgesehenen Falles:

1. Versetzung in ein anderes Amt von nicht geringerem Range und etatsmäßigem Diensteinkommen,[1] mit Vergütung der reglementsmäßigen Umzugskosten.

   Als eine Verkürzung im Einkommen ist es nicht anzusehen, wenn die Gelegenheit zur Verwaltung von Nebenämtern entzogen wird, oder die Beziehung der für die Dienstunkosten besonders ausgesetzten Einnahmen mit diesen Unkosten selbst fortfällt.

   Landräthe, welche für einen bestimmten Kreis auf Grund ihrer Ansässigkeit und in Folge vorgängiger Wahl ernannt worden, können außer im Wege des Disziplinarverfahrens wider ihren Willen in ein anderes Amt nicht versetzt werden, so lange die Erfordernisse er-

[1] Wegen des Wohnungsgeldzuschusses vgl. §. 3 des betreffenden Gesetzes Nr. 26.

füllt bleiben, durch welche ihre Wahl bedingt war.[1]

2. Einstweilige Versetzung in den Ruhestand mit Gewährung von Wartegeld nach Maaßgabe der Vorschriften der Verordnung vom 14. Juni und 24. Oktober 1848.[2]

Außer dem daselbst vorgesehenen Falle können durch Königliche Verfügung jederzeit die nachbenannten Beamten mit Gewährung des vorschriftsmäßigen Wartegeldes einstweilig in den Ruhestand versetzt werden:[3]

Unterstaatssekretaire,
Ministerialdirektoren,
Oberpräsidenten,
Regierungspräsidenten und Vicepräsidenten,
Militairintendanten,
Beamte der Staatsanwaltschaft bei den Gerichten,

---

1 Kreisordnung §§. 74, 77.

2 Das Wartegeld beträgt bei einem Gehaltsatze von 3600 Mark ab die Hälfte, aber nicht über 6000 Mark, bei niedrigerem Gehalte nach dem in den Verordnungen gegebenen Tarife.

Siehe ferner hierzu §§. 104, 105 des Ausf. Ges. zum deutschen Gerichtsverfassungsgesetz, v. 24. April 1878 (G.S. S. 338) und §. 151 des Gesetzes über die allgem. Landesverwaltung v. 30. Juli 1883 (G.S. S. 195).

3 Auch der Vorsitzende der Ansiedelungskommission für Westpreußen und Posen, §. 1 des Gesetzes v. 21. Juni 1886 (G.S. S. 159).

Vorsteher Königlicher Polizeibehörden,
Landräthe,
die Gesandten und andere diplomatische Agenten.

Wartegeldempfänger sollen bei Wiederbesetzung erledigter Stellen, für welche sie sich eignen, vorzugsweise berücksichtigt werden.

3. Gänzliche Versetzung in den Ruhestand mit Gewährung der vorschriftsmäßigen Pension, nach Maaßgabe der §§. 88 ff. dieses Gesetzes.

88. Ein Beamter, welcher durch Blindheit, Taubheit oder ein sonstiges körperliches Gebrechen oder wegen Schwäche seiner körperlichen oder geistigen Kräfte zu der Erfüllung seiner Amtspflichten dauernd unfähig ist, soll in den Ruhestand versetzt werden.

89. Sucht der Beamte in einem solchen Falle seine Versetzung in den Ruhestand nicht nach, so wird ihm oder seinem nöthigenfalls hierzu besonders zu bestellenden Kurator von der vorgesetzten Dienstbehörde unter Angabe des zu gewährenden Pensionsbetrages und der Gründe der Pensionirung eröffnet, daß der Fall seiner Versetzung in den Ruhestand vorliege.

90. Innerhalb sechs Wochen nach einer solchen Eröffnung (§. 89) kann der Beamte seine Einwendungen bei der vorgesetzten Dienstbehörde anbringen. Ist dies geschehen, so werden die Verhandlungen an den vorgesetzten Minister eingereicht, welcher, sofern nicht der Beamte von dem Könige ernannt ist, über die Pensionirung entscheidet.

Gegen diese Entscheidung steht dem Beamten der Rekurs an das Staatsministerium binnen einer Frist von vier Wochen nach Empfang der Entscheidung zu.[1]

Des Rekursrechtes ungeachtet kann der Beamte von dem Minister sofort der weiteren Amtsverwaltung vorläufig enthoben werden.

Ist der Beamte von dem Könige ernannt, so erfolgt die Entscheidung von dem Könige auf den Antrag des Staatsministeriums.

91. Dem Beamten, dessen Versetzung in den Ruhestand verfügt ist, wird das volle Gehalt noch bis zum Ablaufe desjenigen Vierteljahres fortgezahlt, welches auf den Monat folgt, in dem ihm die schließliche Verfügung über die erfolgte Versetzung in den Ruhestand mitgetheilt worden ist.

92. Wenn der Beamte gegen die ihm gemachte Eröffnung (§. 89) innerhalb sechs Wochen keine Einwendungen erhoben hat, so wird in derselben Weise verfügt, als wenn er seine Pensionirung selbst nachgesucht hätte.

Die Zahlung des vollen Gehaltes dauert bis zu dem im §. 91 bestimmten Zeitpunkte.

93. Ist ein Beamter vor dem Zeitpunkte, mit welchem die Pensionsberechtigung für ihn eingetreten sein würde, dienstunfähig geworden, so kann er gegen seinen Willen nur unter Beobachtung derjenigen

---

[1] Vgl. §. 30 des Pensionsgesetzes v. 27. März 1872.

Formen, welche für die Disziplinaruntersuchung vorgeschrieben sind, in den Ruhestand versetzt werden.

Wird es jedoch für angemessen befunden, dem Beamten eine Pension zu dem Betrage zu bewilligen, welcher ihm bei Erreichung des vorgedachten Zeitpunktes zustehen würde, so kann die Pensionirung desselben nach den Vorschriften der §§. 88 bis 92 erfolgen.

94. Die vorstehenden Bestimmungen über einstweilige und gänzliche Versetzung in den Ruhestand finden nur auf Beamte in unmittelbarem Staatsdienste Anwendung.[1]

95. In Bezug auf die mittelbaren Staatsdiener bleiben die wegen Pensionirung derselben bestehenden Vorschriften in Kraft.

Wenn jedoch mittelbare Staatsdiener vor dem Zeitpunkte, mit welchem eine Pensionsberechtigung für sie eingetreten sein würde, dienstunfähig geworden, so können auch sie gegen ihren Willen nur unter den für Beamte im unmittelbaren Staatsdienste vorgeschriebenen Formen (§. 93) in den Ruhestand versetzt werden.

96. Auf Universitätslehrer finden die Bestimmungen der §§. 87 bis 95 keine Anwendung.

Neunter Abschnitt.

Allgemeine und Uebergangs-Bestimmungen.

97. Die Vorschriften des gegenwärtigen Gesetzes

---

[1] Vgl. das Vorwort.

gelten auch in Ansehung der zur Disposition gestellten oder einstweilen in Ruhestand versetzten Beamten.

98. Rücksichtlich der Vergehen der Civilstandsbeamten im Bezirke des Rheinischen Appellationsgerichtshofes zu Köln gegen die Gesetze über den Civilstand wird an den Bestimmungen der bisherigen Gesetzgebung durch dieses Gesetz nichts geändert.

99.[1]

100. Alle diesem Gesetze entgegenstehenden Bestimmungen sind aufgehoben. Dagegen wird durch dasselbe in der Befugniß der Aufsichtsbehörden, im Aufsichtswege Beschwerden Abhülfe zu verschaffen, oder Beamte zur Erfüllung ihrer Pflichten in einzelnen Sachen anzuhalten, und dabei Alles zu thun, wozu sie nach den bestehenden Gesetzen ermächtigt sind, nichts geändert.

101.[1]

102. Dieses Gesetz tritt an die Stelle der vorläufigen Verordnung vom 11. Juli 1849.

21.

Verordnung, betreffend die Ausdehnung der Preußischen Disziplinargesetze auf die Beamten in den neu erworbenen Landestheilen.[2]

Vom 23. September 1867.

(G.S. S. 1613.)

Wir Wilhelm ꝛc. ꝛc. verordnen für die durch das

---

[1] Erledigte Uebergangsbestimmungen.

[2] Wegen des Kreises Herzogthum Lauenburg vgl. Gesetz v. 25. Februar 1878 (G.S. S. 97).

Gesetz vom 20. September 1866 (G.S. S. 555) und die Gesetze vom 24. Dezember 1866 (G.S. S. 875, 876) mit Unserer Monarchie vereinigten Landestheile, mit Ausnahme des vormaligen Amtsbezirks Meisenheim und der Enklave Kaulsdorf, auf den Antrag Unseres Staatsministeriums, was folgt:

Art. I. In den Eingangs bezeichneten Landestheilen treten:

1. das Gesetz vom 7. Mai 1851, betreffend die Dienstvergehen der Richter und die unfreiwillige Versetzung derselben auf eine andere Stelle oder in den Ruhestand (G.S. S. 218), mit den im Gesetz vom 26. März 1856 (G.S. S. 201) enthaltenen Aenderungen,
2. das Gesetz vom 21. Juli 1852, betreffend die Dienstvergehen der nicht richterlichen Beamten, die Versetzung derselben auf eine andere Stelle oder in den Ruhestand (G.S. S. 465),

unter nachfolgenden besonderen Bestimmungen in Wirksamkeit.

Art. II.[1] Das Ober-Appellationsgericht zu Berlin hat in den Landestheilen, für welche dasselbe errichtet ist, sowie in Ansehung seiner eigenen Mitglieder alle Funktionen wahrzunehmen, welche durch die im Art. I gedachten Gesetze dem Obertribunal beigelegt sind.

Hinsichtlich der im sechsten Abschnitte des Ge-

---

[1] Vgl. Novelle von 1879.

setzes vom 7. Mai 1851 (§§. 65—77) bezeichneten Beamten tritt die Zuständigkeit des Ober-Appellationsgerichts nicht ein.

Art. III.[1] Als Gerichte erster Instanz im Sinne der im Art I bezeichneten Gesetze werden betrachtet: die Kreisgerichte, die Obergerichte im Gebiete des vormaligen Königreichs Hannover, das Stadtgericht in Frankfurt.

Als Einzelrichter im Sinne der im Art. I bezeichneten Gesetze werden angesehen: die richterlichen Beamten der Amtsgerichte, in Frankfurt die Richter des Stadtamts, Landjustizamts und Rügegerichts, die rechtsgelehrten Beamten der Transskriptions- und Hypothekenbehörde und der Fiskal.

Die Aktuarien und Sekretäre der Gerichte und der Adjunkt des Fiskals in Frankfurt werden im Sinne des §. 64 des Gesetzes vom 21. Juli 1852 den Büreaubeamten, und diejenigen Beamten, welche in den Vorbereitungsstadien für den höheren Justiz- oder Verwaltungsdienst stehen (Accessisten, Auditoren u. s. w.), im Sinne des §. 84 desselben Gesetzes den Referendarien gleich geachtet.

Art. IV. Zu den Provinzialbehörden gehören im Sinne des §. 24 Nr. 2 des Gesetzes vom 21. Juli 1852 im Gebiete des vormaligen Königreichs Hannover und in den Herzogthümern Holstein und Schleswig auch diejenigen unmittelbar unter den

---

[1] Vgl. Novelle von 1879.

Ministerien, beziehungsweise unter den Oberpräsidenten stehenden Behörden, denen die in den älteren Provinzen den Regierungen übertragenen Geschäfte ganz oder zum Theil obliegen.

Bei Anwendung der §§. 25 und 78 desselben Gesetzes tritt im Gebiete des vormaligen Königreichs Hannover, so lange dort Landdrosteien bestehen, an die Stelle des Präsidenten der Regierung der Landdrost.[1]

Art. V. An die Stelle der §§. 60, 61, 65, 67, 68, 69, 72, 73, 74 und 77 des Gesetzes vom 21. Juli 1852 treten die nachstehenden mit gleichen Nummern bezeichneten Paragraphen:

60, 61, 65.[2]

67. Hinsichtlich der Notarien im Gebiete des vormaligen Königreichs Hannover kommen der zweite Abschnitt und der §. 47 des die Richter betreffenden Gesetzes vom 7. Mai 1851 zur Anwendung. Das zuständige Disziplinargericht ist das Appellationsgericht.

68.[3] Hinsichtlich der Anwalte und Advokaten im Gebiete des vormaligen Königreichs Hannover verbleibt es mit den durch die Strafprozeß-Ordnung vom 25. Juli 1867 bedingten Aenderungen im Ver-

---

1 Siehe Kreisordnung für die Provinz Hannover.

2 Ersetzt durch §§. 17, 18, 19 der Novelle von 1879.

3 Zu §§. 68—77. Die Verhältnisse der Rechtsanwälte werden jetzt lediglich durch die deutsche Rechtsanwaltsordnung v. 1. Juli 1878 bestimmt.

fahren bei dem Gesetze die Einrichtung von Anwaltskammern betreffend, vom 31. März 1859.

In Ansehung der Rechtsanwalte (Advokaten) und Notare in den übrigen Landestheilen tritt die Verordnung über die Bildung eines Ehrenraths unter den Justiz-Kommissarien und Notarien vom 30. April 1847 (G.S. S. 196) in Wirksamkeit. Die Anwendung dieser beiden Gesetze unterliegt jedoch den nachstehenden Modifikationen.

69. Die Befugnisse des bisherigen Ober-Appellationsgerichts zu Celle werden von dem Ober-Appellationsgerichte zu Berlin, die Befugnisse der Landes-Justizkollegien von den Appellationsgerichten, die Geschäfte der Staatsanwaltschaft bei dem Disziplinarrathe in allen Fällen durch die Staatsanwaltschaft des betreffenden Obergerichts, bei dem Ehrenrathe durch die Staatsanwaltschaft des betreffenden Appellationsgerichts wahrgenommen.

72.[1]

73. Hinsichtlich der Disziplinarstrafen kommt in den Fällen der §§. 71, 72 und 75 die Verordnung vom 30. April 1847 zur Anwendung.

74. Gegen jede definitive Entscheidung eines Ehrenrathes oder Disziplinarrathes steht sowohl der Staatsanwaltschaft als dem Beschuldigten die

[1] Betrifft nur Rechtsanwälte.

Hinsichtlich der Notare s. §§. 7, 8 des Gesetzes v. 8. März 1880 (G.S. S. 177), enthaltend Bestimmungen über das Notariat.

Berufung an den obersten Gerichtshof frei. Die Anmeldung erfolgt bei dem Disziplinarrathe oder Ehrenrathe, welcher die angefochtene Entscheidung erlassen hat. Im Uebrigen richtet sich das Verfahren nach den Vorschriften der §§. 37 bis 43 des die Richter betreffenden Gesetzes vom 7. Mai 1851.

Die §§. 15, 16 und 17 der Verordnung vom 30. April 1847 bleiben außer Anwendung.

77.[1] Wenn ein Rechtsanwalt (Anwalt, Advokat), ein Notar oder ein Gerichtsvoigt durch Blindheit, Taubheit oder ein sonstiges körperliches Gebrechen, oder wegen Schwäche seiner körperlichen oder geistigen Kräfte zu der Erfüllung seiner Amtspflichten dauernd unfähig ist, so hat der Staatsanwalt bei dem Appellationsgerichte ihn oder seinen nöthigenfalls zu bestellenden Kurator schriftlich unter Angabe der Gründe zur Niederlegung des Amtes aufzufordern.

Tritt innerhalb sechs Wochen nach dieser Aufforderung die freiwillige Niederlegung des Amtes nicht ein, so beschließt das Appellationsgericht in seiner Plenarversammlung, nachdem das im §. 61 des die Richter betreffenden Gesetzes vom 7. Mai 1851 vorgeschriebene und geeigneten Falls das im §. 62 daselbst zugelassene Verfahren stattgefunden hat, nach Anhörung der Staatsanwaltschaft endgültig darüber, ob der Fall der Niederlegung des Amtes vorliege.

---

[1] Siehe Anm. zu §. 68. Wegen der Gerichtsvoigte s. §. 18 der Novelle von 1879.

Beschließt das Gericht, daß dieser Fall vorhanden sei, so kann der Justizminister die Stelle für erledigt erklären.[1]

Art. VI. Den Beamten, welche nach §. 87 Nr. 2 des Gesetzes vom 21. Juli 1852 durch Königliche Verordnung jederzeit mit Gewährung des vorschriftsmäßigen Wartegeldes einstweilig in den Ruhestand versetzt werden können, treten hinzu:

Provinzial-Steuerdirektoren,

Ober-Regierungsräthe und Abtheilungsdirigenten bei den Regierungen, und wirkliche Oberforstmeister,

Ober-Regierungsräthe bei den Provinzial-Steuerdirektionen,

Vorsteher der oben im ersten Absatz des Art. IV bezeichneten Provinzialbehörden,

Abtheilungsdirigenten bei diesen Behörden,

Vorsteher der Ober-Postdirektionen, der Ober-Telegrapheninspektionen, der Eisenbahndirektionen, einschließlich der Direktionen der unter Staatsverwaltung stehenden Privatbahnen,

Direktoren der Oberbergämter und Vorsitzende der Bergwerksdirektionen,

Direktoren der höheren Lehranstalten,

Dirigenten der Gestüte und Direktoren der landwirthschaftlichen Lehranstalten, soweit letztere Staatsinstitute sind,

---

[1] Gilt nur noch für Notare.

Kreis- und Amtshauptleute, Amtmänner, Hardesvoigte und Kirchspielvoigte.

Art. VII. Die am Schlusse der beiden Gesetze vom 7. Mai 1851 und 21. Juli 1852 enthaltenen Uebergangsbestimmungen finden insoweit Anwendung, als sie nicht besondere Verhältnisse betreffen, welche zur Zeit des Erlasses dieser Gesetze in den älteren Provinzen bestanden haben.

Art. VIII. An Gerichtskosten werden in Disziplinarsachen nur baare Auslagen (§§. 12 und 13 der Verordnung über den Ansatz der Gerichtskosten in Strafsachen vom 30. August d. J. (G.S. S. 1412) erhoben.

Für die Vertheidigung können Rechtsanwalte (Advokaten) liquidiren ꝛc.[1]

22.

Gesetz, betreffend die Abänderung von Bestimmungen der Disziplinargesetze.

Vom 9. April 1879.

(G.S. S. 345.)

§. 1. Die Bestimmungen

1) der Gesetze vom 7. Mai 1851 und 26. März 1856, betreffend die Dienstvergehen der Richter und die unfreiwillige Versetzung derselben auf eine andere Stelle oder in den Ruhestand,
2) des Gesetzes vom 21. Juli 1852, betreffend

[1] Laut §§. 1 und 3 des Ausführungsgesetzes v. 2. Febr. 1880 zur deutschen Gebührenordnung für Rechtsanwälte (G.S. S. 43) findet letztere jetzt auch im Disziplinarverfahren Anwendung.

die Dienstvergehen der nicht richterlichen Beamten, die Versetzung derselben auf eine andere Stelle oder in den Ruhestand,

3) der Verordnung vom 23. September 1867, betreffend die Ausdehnung der Preußischen Disziplinargesetze auf die Beamten in den neu erworbenen Landestheilen,

4) des §. 5 des Gesetzes vom 27. März 1872, betreffend die Einrichtung und die Befugnisse der Ober-Rechnungskammer,

5) des §. 34 Absatz 2 des Gesetzes vom 12. Mai 1873 über die kirchliche Disziplinargewalt und die Errichtung des Königlichen Gerichtshofes für kirchliche Angelegenheiten,

sowie die in diesen gesetzlichen Bestimmungen (Nr. 1 bis 5) in Bezug genommenen Gesetze werden durch die in den §§. 2 bis 26 enthaltenen Vorschriften abgeändert.

2. Im Sinne der im §. 1 bezeichneten Gesetze gelten als Einzelrichter die Amtsgerichte, als Gerichte erster Instanz die Landgerichte.

3. An die Stelle der Appellationsgerichte treten die Oberlandesgerichte.

4. Zur Erledigung der Angelegenheiten, welche den Plenarversammlungen der Appellationsgerichte zugewiesen sind, werden bei den Oberlandesgerichten Disziplinarsenate gebildet. Dieselben entscheiden in der Besetzung von sieben Mitgliedern mit Einschluß des Vorsitzenden.

5. Vorsitzender des Disziplinarsenats ist der Präsident, im Falle der Verhinderung desselben der älteste Senatspräsident.

Zu den Mitgliedern gehört der älteste Senatspräsident oder, falls dieser den Vorsitz führt, der nächstälteste Senatspräsident.

6. Für den Disziplinarsenat des Oberlandesgerichts zu Berlin[1] gelten die nachstehenden besonderen Bestimmungen:

Vorsitzender des Disziplinarsenats ist der älteste Senatspräsident, im Falle der Verhinderung desselben der nächstälteste Senatspräsident.

Zu den Mitgliedern gehört der nächstälteste Senatspräsident oder, falls dieser den Vorsitz führt, der ihm dem Alter nach folgende Senatspräsident.

7. Die Bestimmung der aus der Zahl der Räthe erforderlichen Mitglieder des Disziplinarsenats erfolgt nach den für die Bildung der Civil- und Strafsenate geltenden Vorschriften.

8. An die Stelle des Obertribunals tritt der bei dem Oberlandesgericht zu Berlin zu bildende große Disziplinarsenat.

Der große Disziplinarsenat entscheidet in der Besetzung von fünfzehn Mitgliedern mit Einschluß des Vorsitzenden.

9. Vorsitzender des großen Disziplinarsenats ist der Präsident, im Falle der Verhinderung desselben der älteste Senatspräsident.

---

[1] Führt die Bezeichnung „Kammergericht".

Zu den Mitgliedern gehören die fünf ältesten Senatspräsidenten oder, falls der älteste Senatspräsident den Vorsitz führt, die fünf ihm dem Alter nach folgenden Senatspräsidenten.

Die Bestimmung der aus der Zahl der Räthe erforderlichen Mitglieder des großen Disziplinarsenats erfolgt nach den für die Bildung der Civil- und Straffenate geltenden Vorschriften.

Ein Richter, welcher bei einer durch ein Rechtsmittel angefochtenen Entscheidung mitgewirkt hat, ist von der Mitwirkung bei der Entscheidung des großen Disziplinarsenats kraft Gesetzes ausgeschlossen.

10. Das Alter der Senatspräsidenten wird nach dem Dienstalter, bei gleichem Dienstalter nach dem Lebensalter bestimmt. Die Senatspräsidenten, welche im einzelnen Falle in Folge rechtlicher oder thatsächlicher Verhinderung an der Entscheidung nicht Theil nehmen können, kommen für die nach dem Alter sich ergebende Reihenfolge nicht in Betracht.

11. Die Angelegenheiten, welche den Abtheilungen und Senaten der Appellationsgerichte zugewiesen sind, werden von dem Senat des Oberlandesgerichts, in welchem der Präsident den Vorsitz führt, in der Besetzung von fünf Mitgliedern mit Einschluß des Vorsitzenden erledigt.

12. Hülfsrichter sind von der Theilnahme an den Entscheidungen über Disziplinarsachen ausgeschlossen.

Die mit der Voruntersuchung beauftragten Richter

sind von der Theilnahme an den Entscheidungen, die Richter, welche an Beschlüssen außerhalb der Hauptverhandlung mitgewirkt haben, von der Theilnahme an dem Hauptverfahren nicht ausgeschlossen.

Die Entscheidungen erfolgen nach der absoluten Mehrheit der Stimmen.

13. Die richterlichen Mitglieder des Disziplinarhofes für nicht richterliche Beamte müssen dem Oberlandesgericht in Berlin angehören.

14. Die Präsidenten der Oberlandesgerichte, des Revisionskollegiums für Landeskultursachen,[1] der Ober-Rechnungskammer und des Königlichen Gerichtshofes[2] für kirchliche Angelegenheiten, sowie der General-Auditeur der Armee, unterliegen nicht der Vorschrift des §. 13 des Gesetzes vom 7. Mai 1851.

Den bezeichneten Beamten kann die im §. 58 des Gesetzes vom 7. Mai 1851 vorgeschriebene Eröffnung nur auf Grund eines Beschlusses des großen Disziplinarsenats gemacht werden.

15. Die in dem Gesetze vom 21. Juli 1852 hinsichtlich der Polizeianwälte getroffenen Bestimmungen finden auf die Amtsanwälte entsprechende Anwendung.

16. Die in den §§. 57, 58, 63 des Gesetzes vom 21. Juli 1852 hinsichtlich der Beamten der gerichtlichen Polizei getroffenen Bestimmungen finden auf die Beamten des Polizei- und Sicherheitsdienstes,

---

[1] Jetzt Oberlandeskulturgericht.

[2] Besteht nicht mehr.

welche Hülfsbeamte der Staatsanwaltschaft sind, mit der Maßgabe Anwendung, daß gegen solche Beamte, welche ihr Amt als Ehrenamt versehen, Ordnungsstrafen von den Justizbehörden nicht festgesetzt werden dürfen.

17. Die im Bezirke des Appellationsgerichtshofes zu Cöln hinsichtlich der Gerichtsschreiber geltenden besonderen Vorschriften werden aufgehoben.

Die Gerichtsschreiber gelten auch in dem gedachten Bezirke im Sinne des Gesetzes vom 21. Juli 1852 als Büreaubeamte bei den Gerichten.

18. Die Gerichtsvollzieher unterliegen denselben Bestimmungen wie die Gerichtsschreiber.

Die Befugniß zur Festsetzung von Ordnungsstrafen gegen Gerichtsvollzieher steht den in Gemäßheit des §. 73 des Ausführungsgesetzes zum Deutschen Gerichtsverfassungsgesetze vom 24. April 1878 zu bestimmenden Aufsichtsbeamten zu.

Geldstrafen dürfen verhängt werden:

1) von den Aufsichtsbeamten bei den Oberlandesgerichten bis zum Betrage von neunzig Mark;
2) von den Aufsichtsbeamten bei den Landgerichten bis zum Betrage von dreißig Mark;
3) von den Aufsichtsbeamten bei den Amtsgerichten bis zum Betrage von neun Mark.

19. Hinsichtlich der Büreau- und Unterbeamten, welche unter der alleinigen Aufsicht der Staatsanwaltschaft stehen, finden die hinsichtlich der Büreau- und Unterbeamten bei den Gerichten in dem

Gesetze vom 21. Juli 1852 getroffenen Bestimmungen mit der Maßgabe Anwendung, daß die Befugniß zur Festsetzung von Ordnungsstrafen den Beamten der Staatsanwaltschaft zusteht, Geldstrafen jedoch nur verhängt werden dürfen:

1) von dem Oberstaatsanwalt bis zum Betrage von neunzig Mark;
2) von dem Ersten Staatsanwalt bis zum Betrage von dreißig Mark.

20. Beschwerden der in den §§. 17 bis 19 bezeichneten Beamten gegen die Festsetzung von Ordnungsstrafen werden im Aufsichtswege erledigt.

21. In dem Geltungsbereiche des Gesetzes vom 30. April 1847 über die Bildung eines Ehrenraths und im Kreise Herzogthum Lauenburg ist hinsichtlich der Notare der Disziplinarsenat des Oberlandesgerichts (§. 4) das zuständige Disziplinargericht erster Instanz. Auf das Disziplinarverfahren und die vorläufige Enthebung vom Amte finden mit den aus dem gegenwärtigen Gesetze sich ergebenden Abänderungen die Vorschriften des zweiten und dritten Abschnitts des Gesetzes vom 7. Mai 1851 Anwendung.

22. Wird gegen einen Notar, welcher zugleich Rechtsanwalt ist, auf Ausschließung von der Rechtsanwaltschaft rechtskräftig erkannt, so erlischt dessen Amt als Notar von selbst.

23. Richterlichen Beamten gegenüber liegt in dem Recht der Aufsicht (§. 78 des Ausführungsgesetzes

zum Deutschen Gerichtsverfassungsgesetze vom 24. April 1878) die Befugniß, die ordnungswidrige Ausführung eines Amtsgeschäfts zu rügen und zu dessen rechtzeitiger und sachgemäßer Erledigung zu ermahnen.

Beantragt der richterliche Beamte die Einleitung der Disziplinaruntersuchung, weil ihm eine Ordnungswidrigkeit oder Säumniß in der Erledigung eines Amtsgeschäfts nicht zur Last falle, so ist diesem Antrage stattzugeben. In dem Endurtheil ist zugleich über die Aufrechterhaltung oder Aufhebung der im Aufsichtswege getroffenen Maßregel zu erkennen.

Es kann in diesem Verfahren im Falle der Feststellung eines Disziplinarvergehens auch auf Disziplinarstrafe erkannt werden.

Hat der Beamte die Beschwerde auf Grund des §. 85 des Ausführungsgesetzes zum Deutschen Gerichtsverfassungsgesetze eingelegt, so findet der Antrag auf Einleitung der Disziplinaruntersuchung nicht statt. Ebenso schließt der Antrag auf Einleitung der Disziplinaruntersuchung die Beschwerde aus.

24. Die Vorschriften des §. 23 Absatz 2 und 3 finden entsprechende Anwendung, wenn auf Grund des §. 13 des Gesetzes vom 7. Mai 1851 eine Mahnung erlassen ist.

25. Auf richterliche Beamte, welche nicht unter der Aufsicht der Justizverwaltung oder nicht ausschließlich unter der Aufsicht der Justizverwaltung

stehen, finden die Bestimmungen der §§. 23, 24 nicht Anwendung.

26. Die Vorschriften der im §. 1 bezeichneten Gesetze finden mit den aus dem gegenwärtigen Gesetze sich ergebenden Abänderungen auf die in Gemäßheit des Ausführungsgesetzes zum Deutschen Gerichtsverfassungsgesetze vom 24. April 1878 zur Verfügung des Justizministers verbleibenden und einstweilig in den Ruhestand tretenden Beamten entsprechende Anwendung.

27. Die Bestimmungen der im §. 1 Nr. 1 bezeichneten Gesetze kommen mit den aus dem gegenwärtigen Gesetze sich ergebenden Abänderungen auch im Kreise Herzogthum Lauenburg zur Anwendung.

28. Soweit nach den bestehenden Vorschriften für die Festsetzung von Stempelstrafen gegen Beamte eine Justizbehörde als vorgesetzte Dienst- oder Disziplinarbehörde zuständig ist, geht diese Zuständigkeit auf den Präsidenten des Landgerichts über. Ueber den Rekurs entscheidet unmittelbar der Justizminister.

29. Die Bestimmungen dieses Gesetzes finden auch auf die vor dem Inkrafttreten desselben anhängig gewordenen Angelegenheiten Anwendung.

30. Dieses Gesetz tritt gleichzeitig mit dem Deutschen Gerichtsverfassungsgesetze[1] in Kraft.

[1] Ist am 1. Oktober 1879 in Kraft getreten.

V. Strafrechtliche Vorschriften.

23.

Strafgesetzbuch für das Deutsche Reich.

(R.G.Bl. von 1876 S. 39.)

Achtundzwanzigster Abschnitt.

Verbrechen und Vergehen im Amte.

331. Ein Beamter, welcher für eine in sein Amt einschlagende, an sich nicht pflichtwidrige Handlung Geschenke oder andere Vortheile annimmt, fordert oder sich versprechen läßt, wird mit Geldstrafe bis zu dreihundert Mark oder mit Gefängniß bis zu sechs Monaten bestraft.

332. Ein Beamter, welcher für eine Handlung, die eine Verletzung einer Amts- oder Dienstpflicht enthält, Geschenke oder andere Vortheile annimmt, fordert oder sich versprechen läßt, wird wegen Bestechung mit Zuchthaus bis zu fünf Jahren bestraft.

Sind mildernde Umstände vorhanden, so tritt Gefängnißstrafe ein.

333. Wer einem Beamten oder einem Mitgliede der bewaffneten Macht Geschenke oder andere Vortheile anbietet, verspricht oder gewährt, um ihn zu einer Handlung, die eine Verletzung einer Amts- oder Dienstpflicht enthält, zu bestimmen, wird wegen Bestechung mit Gefängniß bestraft; auch kann auf Verlust der bürgerlichen Ehrenrechte erkannt werden.

Sind mildernde Umstände vorhanden, so kann

auf Geldstrafe bis zu eintausendfünfhundert Mark erkannt werden.

334. Ein Richter, Schiedsrichter, Geschworener oder Schöffe, welcher Geschenke oder andere Vortheile fordert, annimmt oder sich versprechen läßt, um eine Rechtssache, deren Leitung oder Entscheidung ihm obliegt, zu Gunsten oder zum Nachtheile eines Betheiligten zu leiten oder zu entscheiden, wird mit Zuchthaus bestraft.

Derjenige, welcher einem Richter, Schiedsrichter, Geschworenen oder Schöffen zu dem vorbezeichneten Zwecke Geschenke oder andere Vortheile anbietet, verspricht oder gewährt, wird mit Zuchthaus bestraft. Sind mildernde Umstände vorhanden, so tritt Gefängnißstrafe ein.

335. In den Fällen der §§. 331 bis 334 ist im Urtheile das Empfangene oder der Werth desselben für dem Staate verfallen zu erklären.

336. Ein Beamter oder Schiedsrichter, welcher sich bei der Leitung oder Entscheidung einer Rechtssache vorsätzlich zu Gunsten oder zum Nachtheile einer Partei einer Beugung des Rechtes schuldig macht, wird mit Zuchthaus bis zu fünf Jahren bestraft.

338.[1] Ein Religionsdiener oder Personenstandsbeamter, welcher, wissend, daß eine Person verhei-

[1] §. 337 ist durch den §. 67 des Gesetzes über die Beurkundung des Personenstandes und die Eheschließung vom 6. Februar 1875 (R.G.Bl. S. 23) ersetzt.

rathet ist, eine neue Ehe derselben schließt, wird mit Zuchthaus bis zu fünf Jahren bestraft.

339. Ein Beamter, welcher durch Mißbrauch seiner Amtsgewalt oder durch Androhung eines bestimmten Mißbrauchs derselben Jemand zu einer Handlung, Duldung oder Unterlassung widerrechtlich nöthigt, wird mit Gefängniß bestraft.

Der Versuch ist strafbar.

In den Fällen der §§. 106, 107, 167 u. 253[1] tritt die daselbst angedrohte Strafe ein, wenn die Handlung von einem Beamten, wenn auch ohne Gewalt oder Drohung, aber durch Mißbrauch seiner Amtsgewalt oder Androhung eines bestimmten Mißbrauchs derselben begangen ist.

340. Ein Beamter, welcher in Ausübung oder in Veranlassung der Ausübung seines Amtes vorsätzlich eine Körperverletzung begeht oder begehen läßt, wird mit Gefängniß nicht unter drei Monaten bestraft. Sind mildernde Umstände vorhanden, so kann die Strafe bis auf Einen Tag Gefängniß ermäßigt oder auf Geldstrafe bis zu neunhundert Mark erkannt werden.

Ist die Körperverletzung eine schwere, so ist auf Zuchthaus nicht unter zwei Jahren zu erkennen. Sind mildernde Umstände vorhanden, so tritt Gefängnißstrafe nicht unter drei Monaten ein.

---

[1] Die Paragraphen betreffen: Verhinderung in der Ausübung staatsbürgerlicher Rechte, der Verrichtung des Gottesdienstes bezw. Erpressung.

341. Ein Beamter, welcher vorsätzlich, ohne hierzu berechtigt zu sein, eine Verhaftung oder vorläufige Ergreifung und Festnahme oder Zwangsgestellung vornimmt oder vornehmen läßt, oder die Dauer einer Freiheitsentziehung verlängert, wird nach Vorschrift des §. 239, jedoch mindestens mit Gefängniß von drei Monaten bestraft.

342. Ein Beamter, der in Ausübung oder in Veranlassnng der Ausübung seines Amtes einen Hausfriedensbruch (§. 123) begeht, wird mit Gefängniß bis zu Einem Jahre oder mit Geldstrafe bis zu neunhundert Mark bestraft.

343. Ein Beamter, welcher in einer Untersuchung Zwangsmittel anwendet oder anwenden läßt, um Geständnisse oder Aussagen zu erpressen, wird mit Zuchthaus bis zu fünf Jahren bestraft.

344. Ein Beamter, welcher vorsätzlich zum Nachtheile einer Person, deren Unschuld ihm bekannt ist, die Eröffnung oder Fortsetzung einer Untersuchung beantragt oder beschließt, wird mit Zuchthaus bestraft.

345. Gleiche Strafe trifft den Beamten, welcher vorsätzlich eine Strafe vollstrecken läßt, von der er weiß, daß sie überhaupt nicht oder nicht der Art oder dem Maße nach vollstreckt werden darf.

Ist die Handlung aus Fahrlässigkeit begangen, so tritt Gefängnißstrafe oder Festungshaft bis zu Einem Jahre oder Geldstrafe bis zu neunhundert Mark ein.

346. Ein Beamter, welcher vermöge seines Amtes bei Ausübung der Strafgewalt oder bei Vollstreckung der Strafe mitzuwirken hat, wird mit Zuchthaus bis zu fünf Jahren bestraft, wenn er in der Absicht, Jemand der gesetzlichen Strafe rechtswidrig zu entziehen, die Verfolgung einer strafbaren Handlung unterläßt, oder eine Handlung begeht, welche geeignet ist, eine Freisprechung oder eine dem Gesetze nicht entsprechende Bestrafung zu bewirken, oder die Vollstreckung der ausgesprochenen Strafe nicht betreibt, oder eine gelindere als die erkannte Strafe zur Vollstreckung bringt.

Sind mildernde Umstände vorhanden, so tritt Gefängnißstrafe nicht unter Einem Monat ein.

347. Ein Beamter, welcher einen Gefangenen, dessen Beaufsichtigung, Begleitung oder Bewachung ihm anvertraut ist, vorsätzlich entweichen läßt oder dessen Befreiung vorsätzlich bewirkt oder befördert, wird mit Zuchthaus bis zu fünf Jahren bestraft. Sind mildernde Umstände vorhanden, so tritt Gefängnißstrafe nicht unter Einem Monat ein.

Ist die Entweichung durch Fahrlässigkeit befördert oder erleichtert worden, so tritt Gefängnißstrafe bis zu sechs Monaten oder Geldstrafe bis zu sechshundert Mark ein.

348. Ein Beamter, welcher, zur Aufnahme öffentlicher Urkunden befugt, innerhalb seiner Zuständigkeit vorsätzlich eine rechtlich erhebliche Thatsache falsch beurkundet oder in öffentliche Register oder

Bücher falsch einträgt, wird mit Gefängniß nicht unter Einem Monat bestraft.

Dieselbe Strafe trifft einen Beamten, welcher eine ihm amtlich anvertraute oder zugängliche Urkunde vorsätzlich vernichtet, bei Seite schafft, beschädigt oder verfälscht.

349. Wird eine der im §. 348 bezeichneten Handlungen in der Absicht begangen, sich oder einem Anderen einen Vermögensvortheil zu verschaffen oder einem Anderen Schaden zuzufügen, so ist auf Zuchthaus bis zu zehn Jahren und zugleich auf Geldstrafe von einhundertfunfzig bis zu dreitausend Mark zu erkennen.

350. Ein Beamter, welcher Gelder oder andere Sachen, die er in amtlicher Eigenschaft empfangen oder in Gewahrsam hat, unterschlägt, wird mit Gefängniß nicht unter drei Monaten bestraft; auch kann auf Verlust der bürgerlichen Ehrenrechte erkannt werden.

Der Versuch ist strafbar.

351. Hat der Beamte in Beziehung auf die Unterschlagung die zur Eintragung oder Kontrole der Einnahmen oder Ausgaben bestimmten Rechnungen, Register oder Bücher unrichtig geführt, verfälscht oder unterdrückt, oder unrichtige Abschlüsse oder Auszüge aus diesen Rechnungen, Registern oder Büchern, oder unrichtige Beläge zu denselben vorgelegt, oder ist in Beziehung auf die Unterschlagung auf Fässern, Beuteln oder Packeten der Geldinhalt

fälschlich bezeichnet, so ist auf Zuchthaus bis zu zehn Jahren zu erkennen.

Sind mildernde Umstände vorhanden, so tritt Gefängnißstrafe nicht unter sechs Monaten ein.

352. Ein Beamter, Advokat, Anwalt oder sonstiger Rechtsbeistand, welcher Gebühren oder andere Vergütungen für amtliche Verrichtungen zu seinem Vortheile zu erheben hat, wird, wenn er Gebühren oder Vergütungen erhebt, von denen er weiß, daß der Zahlende sie überhaupt nicht oder nur in geringerem Betrage verschuldet, mit Geldstrafe bis zu dreihundert Mark oder mit Gefängniß bis zu Einem Jahre bestraft.

Der Versuch ist strafbar.

353. Ein Beamter, welcher Steuern, Gebühren oder andere Abgaben für eine öffentliche Kasse zu erheben hat, wird, wenn er Abgaben, von denen er weiß, daß der Zahlende sie überhaupt nicht oder nur in geringerem Betrage verschuldet, erhebt, und das rechtswidrig Erhobene ganz oder zum Theil nicht zur Kasse bringt, mit Gefängniß nicht unter drei Monaten bestraft.

Gleiche Strafe trifft den Beamten, welcher bei amtlichen Ausgaben an Geld oder Naturalien dem Empfänger vorsätzlich und rechtswidrig Abzüge macht und die Ausgaben als vollständig geleistet in Rechnung stellt.

353a. Ein Beamter im Dienste des Auswärtigen Amtes des Deutschen Reichs, welcher die Amtsverschwiegenheit dadurch verletzt, daß er ihm amtlich anvertraute oder zugängliche Schriftstücke oder eine ihm von seinem Vorgesetzten ertheilte Anweisung oder deren Inhalt Anderen widerrechtlich mittheilt, wird, sofern nicht nach anderen Bestimmungen eine schwerere Strafe verwirkt ist, mit Gefängniß oder mit Geldstrafe bis zu fünftausend Mark bestraft.

Gleiche Strafe trifft einen mit einer auswärtigen Mission betrauten oder bei einer solchen beschäftigten Beamten, welcher den ihm durch seinen Vorgesetzten amtlich ertheilten Anweisungen vorsätzlich zuwiderhandelt, oder welcher in der Absicht, seinen Vorgesetzten in dessen amtlichen Handlungen irre zu leiten, demselben erdichtete oder entstellte Thatsachen berichtet.

354. 355.[1]

356. Ein Advokat, Anwalt oder ein anderer Rechtsbeistand, welcher bei den ihm vermöge seiner amtlichen Eigenschaft anvertrauten Angelegenheiten in derselben Rechtssache beiden Parteien durch Rath oder Beistand pflichtwidrig dient, wird mit Gefängniß nicht unter drei Monaten bestraft.

Handelt derselbe im Einverständnisse mit der Gegenpartei zum Nachtheile seiner Partei, so tritt Zuchthausstrafe bis zu fünf Jahren ein.

357. Ein Amtsvorgesetzter, welcher seine Untergebenen zu einer strafbaren Handlung im Amte vorsätzlich verleitet oder zu verleiten unternimmt, oder

[1] Betreffen Post- und Telegraphenbeamte.

eine solche strafbare Handlung seiner Untergebenen wissentlich geschehen läßt, hat die auf diese strafbare Handlung angedrohte Strafe verwirkt.

Dieselbe Bestimmung findet auf einen Beamten Anwendung, welchem eine Aufsicht oder Kontrole über die Amtsgeschäfte eines anderen Beamten übertragen ist, sofern die von diesem letzteren Beamten begangene strafbare Handlung die zur Aufsicht oder Kontrole gehörenden Geschäfte betrifft.

358. Neben der nach Vorschrift der §§. 331, 339 bis 341, 352 bis 355 und 357 erkannten Gefängnißstrafe kann auf Verlust der Fähigkeit zur Bekleidung öffentlicher Aemter auf die Dauer von Einem bis zu fünf Jahren erkannt werden.

359. Unter Beamten im Sinne dieses Strafgesetzes sind zu verstehen alle im Dienste des Reichs oder in unmittelbarem oder mittelbarem Dienste eines Bundesstaats auf Lebenszeit, auf Zeit oder nur vorläufig angestellte Personen, ohne Unterschied, ob sie einen Diensteid geleistet haben oder nicht, ingleichen Notare, nicht aber Advokaten und Anwalte.

Ferner:

174. Mit Zuchthaus bis zu fünf Jahren werden bestraft:

. . . .

2. Beamte, die mit Personen, gegen welche sie eine Untersuchung zu führen haben oder welche ihrer Obhut anvertraut sind, unzüchtige Handlungen vornehmen;

3. Beamte, Aerzte oder andere Medizinalpersonen, welche in Gefängnissen oder in öffentlichen, zur Pflege von Kranken, Armen oder anderen Hülflosen bestimmten Anstalten beschäftigt oder angestellt sind, wenn sie mit den in das Gefängniß oder in die Anstalt aufgenommenen Personen unzüchtige Handlungen vornehmen.

Sind mildernde Umstände vorhanden, so tritt Gefängnißstrafe nicht unter sechs Monaten ein.

VI. Einkommensverhältnisse.

24.

Kabinetsorder vom 15. November 1819, daß auf die, nach dem Tode eines Beamten geschehenen allgemeinen Gnadenbewilligungen die Gläubiger keine Ansprüche haben sollen.

(G.S. 1820. S. 45.)

Auf den Bericht des Staatsministerii vom 3. d. M. setze Ich zur Deklaration Meiner Order vom 27sten April 1816[1] hierdurch fest: daß nur dasjenige, was die Hinterbliebenen eines Beamten, der bemerkten Order gemäß, an Besoldung außer dem Sterbe-Quartal erhalten, für dieselben Gnadenbewilligung ist, — daß auf Letztere kein Gläubiger des Verstorbenen Anspruch hat,[2] — daß solche der Regel nach nur der Wittwe, den Kindern und Enkeln, ohne Rücksicht, ob sie dessen Erben sind oder nicht, zusteht; daß aber den Ministern, als Departements-Chefs, freigelassen ist, im Falle der Erblasser der Ernährer armer Eltern, Geschwister, Geschwisterkinder oder Pflegekinder gewesen ist, ausnahmsweise denselben das Gnadengehalt anzuweisen und die Minister jedenfalls befugt sein sollen, die Vertheilung desselben unter die Hinterbliebenen zu reguliren und dessen Verwendung zu bestimmen.

---

[1] Unten Nr. 32.

[2] Siehe §. 749 Nr. 8 der Civilprozeßordnung. Unten Nr. 29.

Zugleich genehmige Ich, daß diese Bestimmungen wegen des Gnadengehalts auch auf den Gnadenmonat, welcher den Hinterbliebenen der Pensionairs außer dem Sterbemonat[1] bewilligt ist, angewendet werden.

25.

Gesetz, betreffend die Zahlung der Beamtengehälter und Bestimmungen über das Gnadenquartal. Vom 6. Februar 1881.

(G.S. S. 17.)

§. 1. Die unmittelbaren Staatsbeamten,[2] welche eine etatsmäßige Stelle bekleiden, erhalten ihre Besoldung aus der Staatskasse vierteljährlich im Voraus.

2. Die Hinterbliebenen der im §. 1 bezeichneten Beamten erhalten für das auf den Sterbemonat folgende Vierteljahr noch die volle Besoldung des Verstorbenen (Gnadenquartal) nach Maßgabe der Kabinetsorder vom 15. November 1819 (G.S. 1820 S. 45), auch wenn derselbe nicht in kollegialischen Verhältnissen gestanden hat.[3]

3. Hat ein verstorbener Beamter (§. 2) eine Wittwe

---

[1] §. 31 des Pensionsgesetzes v. 27. März 1872.

[2] Ueber den Begriff „unmittelbare Staatsbeamten" vgl. Vorwort.

[3] Auch der Hinterbliebenen der nicht etatsmäßigen Beamten, welche nur als Hülfsarbeiter oder Hülfsschreiber fixirte Remuneration beziehen, sind die Sterbe- und Gnadengehälter bewilligt durch Allerh. Order v. 18. April 1855 (J.M.Bl. S. 166).

oder eheliche Nachkommen nicht hinterlassen, so kann mit Genehmigung des Verwaltungschefs das Gnadenquartal außer den in der Kabinetsorder vom 15. November 1819 erwähnten auch solchen Personen, welche die Kosten der letzten Krankheit und der Beerdigung bestritten haben, für den Fall gewährt werden, daß der Nachlaß zu deren Deckung nicht ausreicht.

4. Die Bestimmungen dieses Gesetzes finden auch auf die zur Disposition stehenden Beamten und Wartegeldempfänger, sowie auf deren Hinterbliebene Anwendung.

5. Dieses Gesetz tritt mit dem 1. April 1881 in Kraft.

26.

Gesetz, betreffend die Gewährung von Wohnungsgeldzuschüssen an die unmittelbaren Staatsbeamten. Vom 12. Mai 1873.

(G.S. S. 209.)

§. 1. Den unmittelbaren Staatsbeamten, welche eine etatsmäßige Stelle bekleiden und ihre Besoldung aus der Staatskasse beziehen, ferner den Lehrern und Beamten der Universitäten und derjenigen Unterrichts- und sonstigen Anstalten, bei welchen die Gewährung der erforderlichen Unterhaltungszuschüsse ausschließlich dem Staate obliegt, wird vom 1. Januar 1873 ein Wohnungsgeldzuschuß nach Maßgabe des diesem Gesetze beiliegenden Tarifs gewährt.

Der Wohnungsgeldzuschuß wird auch denjenigen unmittelbaren Staatsbeamten gewährt, welche bei der Umgestaltung der Behörden in den neuen Provinzen etatsmäßige Stellen verloren haben und zur Zeit noch außeretatsmäßig im unmittelbaren Staatsdienst beschäftigt werden.

2. Für den zu gewährenden Wohnungsgeldzuschuß ist der mit der Amtsstellung verbundene Dienstrang,[1] nicht der einem Beamten etwa persönlich beigelegte höhere Rang, maßgebend.

Beamte, welche nach ihrer Dienststellung zwischen den Abtheilungen des Tarifs rangiren, werden der entsprechenden niederen Abtheilung zugerechnet.

Für solche Beamte und Lehrer, welchen ein bestimmter Dienstrang nicht beigelegt ist, wird durch den Ressortchef im Einvernehmen mit dem Finanzminister festgesetzt, welcher der im Tarif bestimmten Beamtenklassen dieselben beizuzählen sind.

Die Stellung der Orte in den verschiedenen Servisklassen bestimmt sich nach der Klasseneintheilung, wie sie in Gemäßheit des §. 3 des Reichsgesetzes vom 25. Juni 1868, betreffend die Quartierleistung für die bewaffnete Macht während des Friedenszustandes (B.G.Bl. S. 523), jeweilig in Geltung ist[2].

---

[1] Vgl. insbesondere Verordnung v. 7. Februar 1817, wegen der den Civilbeamten beizulegenden Amtstitel und der Rangordnung der verschiedenen Klassen derselben (G.S. S. 61), ferner §§. 1 und 10 des Gesetzes, betreffend die Tagegelder und Reisekosten v. 24. März 1873 und §. 9 des Umzugskostengesetzes v. 24. Februar 1877 (beide hinten abgedruckt).

[2] Reichsgesetz, betreffend den Servistarif und die Klassen-

Bei Veränderungen in der Klasseneintheilung kommt, von dem auf die Publikation der Veränderung folgenden Kalenderquartal an, der danach sich ergebende veränderte Satz des Wohnungsgeldzuschusses in Anwendung.

3. Bei Versetzungen erlischt der Anspruch auf den dem bisherigen amtlichen Wohnorte entsprechenden Satz des Wohnungsgeldzuschusses mit dem Zeitpunkte, zu welchem der Bezug der Besoldung aus der bisherigen Dienststelle aufhört.

Die bei einer Versetzung an einen Ort einer geringeren Servisklasse eintretende Verminderung des Wohnungsgeldzuschusses wird als eine Verkürzung des Diensteinkommens (§. 53 des Gesetzes, betreffend die Dienstvergehen der Richter und die unfreiwillige Versetzung derselben auf eine andere Stelle oder in den Ruhestand, vom 7. Mai 1851, G.S. S.218, und §.87 des Gesetzes, betreffend die Dienstvergehen der nicht richterlichen Beamten, vom 21. Juli 1852, G.S. S. 465) nicht angesehen.

4. Der Wohnungsgeldzuschuß wird nicht gewährt an Beamte, welche Dienstwohnungen innehaben, oder an Statt derselben Miethsentschädigungen beziehen.

Die Miethsvergütigungen, welche Beamte für die ihnen überlassenen Dienstwohnungen zu entrichten

---

eintheilung der Orte, v. 28. Mai 1887 (R.G.Bl. S. 159) und Verordnungen v. 29. Juni 1888 (R.G.Bl. S. 209) und 28. März 1892 (R.G.Bl. S 340.)

haben, werden von dem im §. 1 bestimmten Zeitpunkte ab um den Betrag des Wohnungsgeldzuschusses gekürzt.

5. Beamte, welche mehrere Aemter bekleiden, erhalten den Wohnungsgeldzuschuß nur Ein Mal und zwar für dasjenige Amt, welches auf den höchsten Satz Anspruch giebt.

6. Bei der Feststellung der Umzugskostenvergütungen (§. 4 des Allerhöchsten Erlasses vom 26. März 1855, G.S. S. 190) bleibt der Wohnungsgeldzuschuß außer Ansatz.[1]

Bei Bemessung der Pension (§. 10 des Gesetzes, betreffend die Pensionirung der unmittelbaren Staatsbeamten 2c., vom 27. März 1872, G.S. S. 268) wird der Durchschnittssatz des Wohnungsgeldzuschusses für die Servisklassen I bis V in Anrechnung gebracht. Dieser Satz gilt auch für diejenigen Beamten, welche eine Dienstwohnung beziehungsweise eine Miethsentschädigung erhalten. Im Uebrigen gilt der Wohnungsgeldzuschuß in allen Beziehungen mit der im §. 3 Abs. 2 bestimmten Maßgabe als ein Theil der Besoldung.

7. Dieses Gesetz findet keine Anwendung auf die gesandtschaftlichen Beamten, sowie auf Beamte in Dienststellungen, wie sie im §. 5 des allegirten Gesetzes vom 27. März 1872 bezeichnet sind.

---

[1] Absatz 1 durch das Umzugskostengesetz v. 24. Februar 1877 obsolet geworden.

Tarif.[1]

Bezeichnung der Beamten.	Jahresbetrag des Wohnungsgeldzuschusses in den Orten der Servisklasse:					
	Berlin ℳ	I. ℳ	II. ℳ	III. ℳ	IV. ℳ	V. ℳ
I. Beamte der 1. Rangklasse	1500	1200	900	720	600	600
II. Beamte der 2. und 3. Rangklasse	1200	900	720	600	540	540
III. Beamte der 4. und 5. Rangklasse	900	660	540	480	420	360
IV. Beamte, welche zwischen den Beamten der 5. Rangklasse und den Subalternen der Provinzialbehörden rangiren, Subalternbeamte zweiter Klasse bei den Centralbehörden, Subalternbeamte bei den Provinzial- und Lokalbehörden	540	432	360	300	216	180
V. Unterbeamte	240	180	144	108	72	60

27.

Allerhöchster Erlaß, betreffend den Gehalts-Abzug bei Beurlaubung von Beamten.

Vom 15. Juni 1863.

(Min.Bl. f. d. i. V. S. 137, Just.Min.Bl. S. 191.)

Auf den Bericht des Staatsministeriums vom 31. vor. Mts. will ich hiermit genehmigen, daß ...

[1] Die Thalerbeträge sind in Mark umgerechnet.

Von dem Wohnungsgeldzuschusse werden bei der Pensionirung zu Grunde gelegt: für die Beamten der 1. Rangklasse 804 Mark, für die Beamten der 2. und 3. Rangklasse 660 Mark, für die Beamten der 4. und 5. Rangklasse 492 Mark, für die übrigen Beamten, mit Ausschluß der Unterbeamten, 297 Mark 60 Pf., und für die Unterbeamten 112 Mark 80 Pf.

bei Beurlaubungen von Civilbeamten und nicht Servis beziehenden Militairbeamten fortan folgende Grundsätze befolgt werden:

1. Bei der Beurlaubung eines Beamten wird auf die ersten 1½ Monate des Urlaubs das Gehalt unverkürzt gezahlt, für weitere 4½ Monate tritt ein Gehaltsabzug zum Betrage der Hälfte des Gehalts des betreffenden Beamten ein, während bei fernerem Urlaube kein Gehalt zu gewähren ist.
2. Bei Beurlaubungen wegen Krankheit und zur Herstellung der Gesundheit findet auch für die über 1½ Monate hinausgehende Zeit der unumgänglich nothwendigen Abwesenheit des Beamten kein Abzug vom Gehalte statt.

28.

Gesetz, betreffend die Erweiterung des Rechtsweges. Vom 24. Mai 1861.[1] (Auszug.)

(G.S. S. 241.)

Erster Abschnitt.

In Beziehung auf die Ansprüche der Staatsbeamten wegen ihrer Diensteinkünfte.

1. Ueber vermögensrechtliche Ansprüche[2] der

---

[1] Der erste Abschnitt dieses Gesetzes gilt zufolge der Verordnung v. 16. September 1867 (G.S. S. 1515) mit der dort in den Art. V und VI enthaltenen Maßgabe auch in den durch die Gesetze v. 20. September und 24. Dezember 1866 der Monarchie einverleibten Landestheilen und unter denselben Modalitäten nach §. 3 des Gesetzes v. 25. Februar 1878 (G.S. S. 97) auch in dem Kreis Herzogthum Lauenburg.

[2]) Für diese sind ohne Rücksicht auf den Werth des Streit-

Staatsbeamten aus ihrem Dienstverhältniß, insbesondere über Ansprüche auf Besoldung, Pension oder Wartegeld, findet mit folgenden Maaßgaben der Rechtsweg statt.

2. Die Entscheidung des Verwaltungschefs muß mit Ausnahme des Falles, wo ein Beamter durch eine von der Ober-Rechnungskammer getroffene Festsetzung verkürzt zu sein glaubt, der Klage vorhergehen, und letztere sodann bei Verlust des Klagerechts innerhalb sechs Monaten, nachdem dem Beamten die Entscheidung des Verwaltungschefs oder die Festsetzung der Ober-Rechnungskammer bekannt gemacht worden, angebracht werden.[1]

3. Die Klage ist gegen diejenige Provinzialbehörde des betreffenden Verwaltungsressorts und in Ermangelung einer solchen, sowie Seitens der Justizbeamten im Bezirke des Appellationsgerichtshofes zu Cöln, gegen diejenige Bezirksregierung zu richten, in deren Amtsbezirk der Beamte zu der Zeit, wo der streitige Anspruch entstanden ist, vermöge seines dienstlichen Wohnsitzes seinen persönlichen Gerichtsstand gehabt hat. Der Stadtbezirk von Berlin wird in dieser Beziehung zum Bezirk der Regierung zu Potsdam gerechnet.[2]

---

gegenstandes die Landgerichte ausschließlich zuständig. §. 39 des Ausführungsgesetzes zum deutschen Gerichtsverfassungsgesetz v. 24. April 1878 (G.S. S. 230).

[1] Vgl. §. 4 des Einführungsgesetzes zur deutschen Civilprozeßordnung v. 30. Januar 1877 (R.G.Bl. S. 244).

[2] Vgl. §. 86 des Ausführungsgesetzes zum Gerichtsverfassungsgesetz v. 24. April 1878 (G.S. S. 230).

Für Prozesse von Beamten in den Hohenzollernschen Landen ist die Regierung in Sigmaringen zur Vertretung des Fiskus befugt.

4.[1]

5. Die Entscheidungen der Disziplinar- und Verwaltungsbehörden darüber, ob und von welchem Zeitpunkt ab ein Beamter aus seinem Amte zu entfernen, einstweilen oder definitiv in den Ruhestand zu versetzen oder zu suspendiren sei, über die Verhängung von Ordnungsstrafen, sowie darüber, ob und wie weit eine geforderte Vergütigung in Ermangelung eines vorher bestimmten Betrages oder Maaßstabes derselben mit der betreffenden Leistung im Verhältniß stehe, sind für die Beurtheilung der vor den Gerichten geltend gemachten vermögensrechtlichen Ansprüche maaßgebend.

6. Ingleichen sind bei der richterlichen Beurtheilung nächst den, dem Beamten besonders ertheilten Zusicherungen und den Bestimmungen der allgemeinen Landesgesetze, die zur Zeit der Entstehung des streitigen Anspruchs in Kraft gewesenen Königlichen Anordnungen, sowie die Seitens der Centralbehörden ergangenen, den Provinzialbehörden mitgetheilten und die mit Genehmigung der Centralbehörden von den Provinzialbehörden erlassenen allgemeinen Verfügungen, soweit solche nicht den Gesetzen oder Königlichen Anordnungen zuwiderlaufen, zum Grunde zu legen.

[1] Obsolet geworden.

7. Soweit über vermögensrechtliche Ansprüche der Staatsbeamten bereits vor dem Eintritt der Gesetzeskraft des §. 1 von dem Könige oder dem Staatsministerium entschieden worden ist, können dieselben bei den Gerichten nicht weiter verfolgt werden.

8. Alle den §§. 1 bis 7 entgegenstehenden Bestimmungen sind aufgehoben.

Zweiter Abschnitt 2c.

29.

Deutsche Civilprozeßordnung.
Vom 30. Januar 1877.

(R.G.Bl. S. 83.)

715.[1] Folgende Sachen sind der Pfändung nicht unterworfen:

1. 2c.

6. bei .. Beamten .. Notaren .. die zur Verwaltung des Dienstes oder Ausübung des Berufs erforderlichen Gegenstände, sowie anständige Kleidung;

7. bei .. Beamten .. ein Geldbetrag, welcher dem der Pfändung nicht unterworfenen Theile des Diensteinkommens oder der Pension für die Zeit von der Pfändung bis zum nächsten

---

[1] Gilt auch für das Verwaltungszwangsverfahren wegen Beitreibung von Geldbeträgen, §. 31 der Verordnung v. 7. September 1879 (G.S. S. 591).

Termine der Gehalts- oder Pensionszahlung gleichkommt;

9. Orden und Ehrenzeichen.

749.[1] Der Pfändung sind nicht unterworfen:

1. ꝛc.

7. die Pensionen der Wittwen und Waisen und die denselben aus Wittwen- und Waisenkassen zukommenden Bezüge, die Erziehungsgelder und die Studienstipendien, sowie die Pensionen invalider Arbeiter;

8. Das Diensteinkommen ..... der Beamten; die Pension dieser Personen nach deren Versetzung in einstweiligen oder dauernden Ruhestand, sowie der nach ihrem Tode den Hinterbliebenen zu gewährende Sterbe- oder Gnadengehalt.

Uebersteigen in den Fällen Nr. 7 und 8 das Diensteinkommen, die Pension oder die sonstigen Bezüge die Summe von fünfzehnhundert Mark für das Jahr, so ist der dritte Theil des Mehrbetrags der Pfändung unterworfen.

Der Gehalt und die Dienstbezüge der im Privatdienste dauernd angestellten Personen (§. 4 Nr. 4 des Reichsgesetzes vom 21. Juni 1869) sind nur soweit der Pfändung unterworfen, als der Gesammtbetrag die Summe von fünfzehnhundert Mark für das Jahr übersteigt.

[1] Gilt im Wesentlichen auch für das Verwaltungszwangsverfahren §. 51 der Verordnung v. 7. September 1879.

In den Fällen der beiden vorhergehenden Absätze ist die Pfändung ohne Rücksicht auf den Betrag zulässig, wenn sie zur Befriedigung der Ehefrau und der ehelichen Kinder des Schuldners wegen solcher Alimente beantragt wird, welche für die Zeit nach Erhebung der Klage und für das diesem Zeitpunkte vorausgehende letzte Vierteljahr zu entrichten sind.

Die Einkünfte, welche zur Bestreitung eines Dienstaufwandes bestimmt sind, und der Servis der Offiziere, Militärärzte und Militärbeamten sind weder der Pfändung unterworfen noch bei der Ermittelung, ob und zu welchem Betrage ein Diensteinkommen der Pfändung unterliege, zu berechnen.

VII. Dienstwohnungen.

30.

Regulativ über die Dienstwohnungen der Staatsbeamten vom 26. Juli 1880.

(Das Regulativ ist durch Allerhöchste Kabinetsorder vom 26. Juli 1880 genehmigt.)

(Min.Bl. f. d. i. V. S. 264, Just.Min.Bl. S. 331.)

Geltungsbereich.

1. Dieses Regulativ findet Anwendung auf alle Dienstwohnungen der Staatsbeamten, der Beamten und Lehrer staatlicher oder vom Staate zu unterhaltender Unterrichtsanstalten, sowie derjenigen Geistlichen und Schullehrer, welchen der Staat in ihrer Eigenschaft als solche Dienstwohnungen überläßt, unbeschadet der ihnen etwa zustehenden Befreiung von Kommunallasten und Abgaben.

2. Ausgeschlossen bleiben die Lokalbeamten der Domainen- und Forstverwaltung,[1] sowie die zum Ressort der Bergwerks-, Hütten- und Salinenverwaltung gehörigen Werksunterbeamten mit Rücksicht auf die besonderen dieserhalb bestehenden Vorschriften.

Auch findet das Regulativ auf Geistliche, Kirchenbeamte und Schullehrer, denen Dienstwohnungen

---

[1] Vorschriften über die Benutzung und bauliche Unterhaltung der Dienstgehöfte der Staatsforstverwaltung vom 31. Januar 1893 (Min.Bl. f. d. i. V. S. 31).

von Kommunen und fiskalischen oder Privatpatronen überwiesen sind, keine Anwendung.*)

*) (Allerhöchster Erlaß vom 27. April 1881 an die Minister der Finanzen und der Geistl. 2c. Angelegenheiten.) „Auf Ihren gemeinschaftlichen Bericht vom 25. d. M. genehmige Ich, daß die Vorschriften des Regulativs über die Dienstwohnungen der Staatsbeamten vom 26. Juli 1880 vom 1. April d. J. ab auch auf die Dienstwohnungen der Beamten der unter staatlicher Verwaltung stehenden Stiftungsanstalten und Stiftungsfonds des Ressorts der geistlichen, Unterrichts- und Medizinal-Verwaltung zur Anwendung gebracht werden."

Oberaufsicht.

3. Die zuständige Aufsichtsbehörde hat die Befolgung der den Inhabern obliegenden Verpflichtungen zu überwachen, von dem Zustande der Dienstwohnungen sowohl während der Benutzung Seitens der Inhaber, als auch während der Uebergangsfrist zwischen Rückgewähr und Uebergabe durch ihre Verwaltungsorgane oder Techniker Kenntniß zu nehmen und bei Wahrnehmung von Verstößen und Mängeln die entsprechende Abhülfe anzuordnen.

Inventarium.

4. Ueber jede Dienstwohnung nebst Zubehör muß ein vollständiges und übersichtliches, geeignetenfalls mit einem Grundplan oder doch mit einer Handzeichnung zu versehendes Inventarium in zwei gleichlautenden Exemplaren, von denen das eine durch die Aufsichtsbehörde (§. 3), das andere durch den Wohnungsinhaber aufbewahrt

wird, angelegt und durch Nachtragung aller während der Benutzungszeit genehmigten Abänderungen vervollständigt werden, so daß das Inventarium stets den zeitigen Stand der Wohnungen erkennen läßt und eine ausreichende Grundlage für die Rückgewähr bildet.

5. Das Inventarium muß enthalten:

a) Zahl, Maaß und Ausstattung der Räume,

b) die Bezeichnung der etwaigen Repräsentationsräume und ihrer Ausstattung,

c) die auf der Wohnung oder dem Dienstgrundstück haftenden Lasten und Besitzeinschränkungen,

d) bei Dienstwohnungen mit Garten, oder Ackernutzung die Angabe des Flächeninhalts und die Beschreibung der Grenzen, beziehentlich der Bewährungen u. s. w. gegen die Nachbargrundstücke, sowie einen Vermerk darüber, ob und welche Vergütung der Wohnungsinhaber für die Nutzung der Ländereien zu entrichten hat.

Im Uebrigen bestimmt sich die Einrichtung des Inventariums in Form und Inhalt nach den besonderen Verhältnissen der Dienstwohnung.

6. Der Wohnungsinhaber darf in dem von ihm aufzubewahrenden Exemplar des Inventariums eigenmächtig keine Eintragung vornehmen. Die Nachtragung der Abänderungen erfolgt in beiden Exemplaren des Inventariums gleichlautend, auf

Anordnung der Aufsichtsbehörde. Etwaige Mängel des Inventariums sind bei den im §. 3 erwähnten Revisionen, beziehungsweise bei der Abnahme oder Uebergabe der Dienstwohnungen zu berichtigen.

Zuweisung und Entziehung.

7. Die Ueberlassung von Dienstwohnungen erfolgt nach Maßgabe des Etats. Die Annahme einer vom Staate angewiesenen Dienstwohnung kann nicht verweigert werden. Wird dem Beamten auf seinen Antrag aus besonderen Gründen die Benutzung der Dienstwohnung erlassen, so erfolgt die Festsetzung der näheren Bedingungen durch den Ressortchef im Einvernehmen mit dem Finanzminister.

8. Der Inhaber einer Dienstwohnung darf dieselbe oder einen Theil oder ein Zubehör derselben ohne Genehmigung der Aufsichtsbehörde weder abtreten noch vermiethen.

9. Aus der Zuweisung einer Dienstwohnung erwirbt der Beamte keinen Anspruch auf dauernde Belassung derselben, vielmehr hat die Rückgewähr auch dann, wenn letztere bei der Ueberweisung nicht ausdrücklich vorbehalten ist, auf Verlangen der vorgesetzten Behörde binnen einer von der letzteren zu bestimmenden angemessenen Räumungsfrist, zu erfolgen, ohne daß dem Beamten hierdurch ein Anspruch auf besondere Entschädigung erwächst.

10. Die Uebergabe und die Rückgewähr[1] einer

[1] Wegen Räumung beim Tode des Inhabers siehe Kab.-Order vom 27. April 1816 — hinten abgedruckt.

Dienstwohnung wird in allen Fällen durch einen von der Aufsichtsbehörde ernannten Kommissar bewirkt, welcher hierbei den neu einziehenden Beamten ausdrücklich zu eröffnen hat, daß für die Ueberweisung und Benutzung der Dienstwohnung die Bestimmungen dieses Regulativs maßgebend sind.

In der über den Hergang aufzunehmenden von den Betheiligten zu vollziehenden Verhandlung sind alle Mängel, welche sich bei der Besichtigung unter Zugrundelegung des Inventars ergeben, zu verzeichnen.

Gleichzeitig ist anzugeben, ob die für die Abhülfe aufzuwendenden Kosten der Staatskasse oder dem bisherigen Inhaber, beziehentlich dessen Erben zur Last fallen. Die Abschätzung der Herstellungskosten hat durch den Kommissar und bei höheren Beträgen durch den zuzuziehenden Techniker zu erfolgen.

11. Kommt wegen der Abhülfe solcher Mängel und Schäden, die nicht für Rechnung der Verwaltung zu beseitigen sind, zwischen dem bisherigen Inhaber, beziehentlich dessen Erben und dem neu anziehenden Inhaber ein Vergleich zu Stande, so ist dessen Inhalt in die Verhandlung aufzunehmen. Dasselbe gilt, wenn die Mängel und die erfolgte Abschätzung als richtig anerkannt und die Kosten der erforderlichen Herstellung von dem abziehenden Beamten, bezw. dessen Erben, übernommen werden. Andernfalls ist der Sach- und Streitstand genau zu verzeichnen und durch den Kommissarius

der Aufsichtsbehörde zur Entscheidung vorbehaltlich des Rechtsweges vorzulegen.

12. Der Wohnungsinhaber oder dessen Erben sind verpflichtet, den im gütlichen Wege ermittelten oder von der Aufsichtsbehörde festgestellten Kostenbetrag (§. 11) zur Staatskasse einzuzahlen. Dieselben bleiben außerdem zur Nachzahlung eines demnächst etwa verausgabten, gehörig belegten Mehrkostenbetrages verpflichtet. Ein etwaiger Mehrbetrag der Einzahlung über die wirklich erwachsenen Kosten ist ihnen dagegen zurückzuerstatten.

13. Können Rückgewähr und Uebergabe der Dienstwohnung nicht gleichzeitig vorgenommen werden, so ist dieselbe an einen Beamten oder eine sonst geeignete Person zur Beaufsichtigung und Unterhaltung zu übergeben. Hierüber, sowie über die dem Aufseher etwa zu gewährende Entschädigung hat der Kommissar das Nähere in das Protokoll aufzunehmen. Die Uebergabe und Rückgewähr der Dienstwohnung ist thunlichst durch denselben Kommissar zu bewirken.

Unterhaltungspflicht des Wohnungsinhabers.

14. Dem Wohnungsinhaber liegen — außer der Fürsorge für die Reinigung und Lüftung — die nachstehenden Leistungen ob:

a) die Erhaltung der Verglasung in den Fenstern, Glasthüren, Glaswänden und Oberlichtern, letztere soweit sie nicht als ein Theil des Daches anzusehen sind;

b) das Fegen der Schornsteine nebst der Reinigung der Heizkörper und ihrer Feuerzüge von Ruß, Asche und Schlacken;

c) die Unterhaltung der Oefen, Kochherde, Bratöfen, Kesselfeuerungen, Koch- und Back-Apparate bezüglich der durch den fortgesetzten Gebrauch nöthig gewordenen Reparaturen, jedoch unter Ausschluß ihrer Erneuerung und ihres Umsetzens (§. 15 litt. b.);

d) die Unterhaltung der Beschläge und Schlösser an Thüren und Fenstern, sofern das Bedürfniß nur einzelne Theile derselben betrifft, und nicht eine Erneuerung des Gesammtbeschlages oder des ganzen Schlosses erforderlich ist, ingleichen die Unterhaltung vorhandener Glockenzüge oder ähnlicher Vorrichtungen zum Herbeirufen des Gesindes;

e) der Anstrich der inneren Thüren und Fenster, der Paneele, hölzernen Verschläge und Wandschränke, soweit einzelne durch den Gebrauch abgenutzte Stellen eine Wiederherstellung der Farbendecke erfordern und das Bedürfniß eines neuen Anstrichs des gesammten Objekts nicht anzuerkennen ist (§. 15 litt. c.);

f) das Bohnen und Frottiren der Dielungen und Fußleisten in den durch den Gebrauch und das Erhaltungsbedürfniß bedingten Fristen, sowie kleine Reparaturen des Anstrichs der Fußbodendielung;

g) die Unterhaltung der inneren Wände und der Decken in Betreff ihrer Tünche, Färbung und Malerei, oder Tapezirung, das hierbei etwa erforderliche Abreiben des Abputzes, sowie die Beseitigung unwesentlicher Verletzungen des Putzes und das Abreiben unrein gewordener Tapetenwände und Decken, insofern es sich nicht um eine Erneuerung der Gesammtflächen handelt;

h) die Unterhaltung derjenigen Theile der Wasser- und Gasleitungen, welche mit dem Gebäude nicht in fester Verbindung stehen, sowie die Beschaffung und Unterhaltung der zu diesen Anlagen etwa erforderlichen, unter den Begriff der Mobilien fallenden Gegenstände, wie z. B. der nicht befestigten Wannen, Gartenspritzen, Schläuche, Kronenleuchter, tragbaren Lampen und dergleichen, ferner die Aufwendung der Kosten für den Verbrauch des durch die Leitungen zugeführten Wassers und Gases und die Vorkehrung zum Schutze der Leitungen gegen das Einfrieren;

i) die Wiederherstellung des früheren Zustandes im Falle von Beschädigungen, welche durch Muthwillen oder Fahrlässigkeit des Inhabers, seiner Angehörigen und seines Gesindes veranlaßt sind;

k) die Uebernahme solcher Abgaben und Lasten, welche der Miether gesetzlich oder ortsüblich zu den Kommunalbedürfnissen zu leisten hat, sowie:

die Uebernahme der Einquartierungslast, wenn dieselbe durch die Gemeindebehörden, beziehentlich durch Ortsstatut auf die Wohnungsinhaber lediglich nach Maßgabe des entbehrlichen Raumes vertheilt ist, mag dieselbe in natura oder in Geld zu leisten sein;

l) die Anschaffung und Unterhaltung von Gegenständen des Luxus, der Neigung oder Bequemlichkeit, sowie der Pflanzungen und der Verbesserungen, welche der Inhaber in dem mit der Dienstwohnung etwa verbundenen Garten oder Ackerlande bewirkt hat, dergestalt, daß der Inhaber hierfür weder eine Entschädigung aus der Staatskasse noch auch die Uebernahme jener Gegenstände oder Anlagen seitens des Dienstnachfolgers verlangen darf;

m) die Unterhaltung der zur Dienstwohnung gehörigen Gärten, soweit nicht besondere Festsetzungen getroffen sind.

Bei einem gemeinsamen Gebrauch von Räumen und Anlagen zu mehreren Dienstwohnungen werden die den Wohnungsinhaber treffenden Kosten nach Bestimmung der Aufsichtsbehörde antheilig von jedem Inhaber getragen.

Der Schlußabsatz bezieht sich auf litt. a. — m.

Unterhaltung durch den Staat.

15. Soweit die Kosten der Unterhaltung von Dienstwohnungen nicht dem Inhaber auferlegt sind, fallen dieselben der Staatskasse zur Last, insbesondere treffen die letztere:

a) die Herstellung aller Schäden, welche von Naturereignissen, Gewittern, Orkanen, Hagelschlag, Erdbeben u. s. w. angerichtet werden;

b) die nothwendige Erneuerung von Hauptbestandtheilen der Feuerungen und Heizungen, namentlich von Heizthüren, Rauchröhren, Kochplatten, Kacheln und metallenen Muffeln oder Einsätzen der Bratöfen, insofern die Nothwendigkeit der Erneuerung nicht durch fahrlässigen Gebrauch veranlaßt ist (§. 14 litt. c.);

Die Beschaffung und Unterhaltung von Heizgeräthschaften und anderer zum Heizen, Kochen, Backen, Waschen u. s. w. erforderlichen Mobilien trifft ausschließlich den Wohnungsinhaber.

c) die Unterhaltung und Erneuerung von plastischen Ausstattungen, sowie des Anstrichs der äußeren Thüren, Doppelthüren, Thore, Fenster, Doppelfenster, Fensterbretter und inneren und äußeren Fensterläden auf beiden Seiten, desgleichen der Anstrich der inneren Thüren und Fenster, der Paneele, hölzernen Verschläge und Wandschränke, wenn das Bedürfniß sich nicht auf einzelne schadhafte Stellen beschränkt, endlich das

Verkitten der Scheiben außer dem im §. 14 litt. a. vorgesehenen Falle;

d) die Erneuerung von Hauptbestandtheilen der Glockenzüge oder ähnlicher Vorrichtungen zum Herbeirufen des Gesindes;

e) die Unterhaltung und Erneuerung von Garten- und Hofbewährungen, einschließlich der Pforten, Thorwege und Thore;

f) die Unterhaltung und Erneuerung des zur Erhaltung der Dielungen dienenden Anstrichs und das damit verbundene Verkitten der Fugen;

g) die sonst nach §. 14 dem Wohnungsinhaber obliegende Unterhaltung der davon betroffenen Gegenstände in allen den Fällen, in welchen die Ursachen des Reparatur- und Erneuerungsbedürfnisses erweislich aus Mängeln der ersten Anlage oder aus Veränderungen in der technischen Struktur des Gebäudes, wie Rissen und Lösungen der Mauern oder Decken u. s. w. hervorgehen;

h) die Uebernahme der Einquartierungslast, wenn dieselbe durch die Gemeindebehörden beziehentlich durch Ortsstatut auf die Hauseigenthümer vertheilt ist.

16. Bei gemeinsamer Benutzung von Gebäuden zu Dienstwohnungen und Geschäftsräumen gelten folgende Bestimmungen:

1. in den zu beiden Zwecken gemeinschaftlich be-

nutzten Räumen, wie Fluren, Korridoren, Treppen u. s. w. trägt der Staat auch die dem Wohnungsinhaber obliegenden Leistungen;

2. zu den im §. 14b bezeichneten Kosten leistet der Wohnungsinhaber einen von der Aufsichtsbehörde festzusetzenden angemessenen Beitrag;

3. von den im §. 14k bezeichneten Kommunalabgaben und Lasten trägt der Staat für die Geschäftsräume, soweit an sich keine Befreiung desselben begründet ist, einen angemessenen Antheil.

Ausnahme zu Gunsten der Unterbeamten.

17. Unterbeamte haben nur die in dem §. 14 sub litt. a, h, i, k und l aufgeführten Leistungen zu erfüllen. Als Unterbeamte im Sinne dieses Regulativs gelten die in Gemäßheit des Gesetzes vom 24. Februar 1877, betreffend die Umzugskosten des Staatsbeamten (Ges.-Samml. S. 15) §. 1 Nr. VIII zu den Unterbeamten zu zählenden Staatsbeamten.

Vergütung.

18. Für die Benutzung der Dienstwohnung ist, wenn dieselbe nicht als eine freie bewilligt ist, vorbehaltlich der Bestimmung im §. 4 Absatz 2 des Gesetzes vom 12. Mai 1873 (Ges.-Samml. S. 209) über die Gewährung von Wohnungsgeldzuschüssen eine jährliche Vergütung (§. 19 ff.) an die Staatskasse zu zahlen.

Freie Dienstwohnungen sind als solche im Etat zu bezeichnen.

19. Die Vergütung für Dienstwohnungen bestimmt sich in den verschiedenen Orten nach der Klasseneintheilung, wie sie in Gemäßheit des Gesetzes vom 25. Juni 1868, betreffend die Quartierleistung für die bewaffnete Macht während des Friedenszustandes (Bundes-Gesetzbl. S. 523) nach dem jeweiligen Servistarif in Geltung ist.

Die Vergütung beträgt:

in Orten der Servisklasse A und I ... 10 Prozent,
" " " " II " III ... 7 1/2 "
" " " " IV " V ... 5 "
des Diensteinkommens.

Bei Veränderungen in der Klasseneintheilung kommt von dem auf die Verkündung der Veränderung folgenden Kalenderquartal an der danach sich ergebende veränderte Satz der Vergütung in Anwendung.

20. Besteht das Diensteinkommen ganz oder theilweise in Tantième, so wird die Vergütung (§. 19) von der im Etat veranschlagten Summe des Einkommens zu einem auf volle Mark abgerundeten Betrage dergestalt berechnet, daß Pfennigbeträge über eine halbe Mark als eine ganze Mark zum Ansatz kommen, geringere Beträge aber unberücksichtigt bleiben.

Der so ermittelte Betrag der Vergütung bleibt während der Gültigkeitsdauer des Etats und bis zu einer anderweiten Normirung des Diensteinkommens maßgebend.

21. Wenn der Inhaber einer Dienstwohnung mehrere Aemter verwaltet und verschiedene Besoldungen bezieht, so ist die Vergütung nur von dem Einkommen derjenigen Etatsstelle zu berechnen, welche für die Bemessung des bei Entziehung der Dienstwohnung dem Beamten zu gewährenden Wohnungsgeldzuschusses maßgebend sein würde.

22. Außeretatsmäßige Beamte, welche Tagegelder empfangen, haben für die ihnen zur Benutzung eingeräumten Dienstwohnungen eine Vergütung nicht zu entrichten. Wenn derartige Beamte dagegen monatliche, im Voraus zahlbare Remunerationen oder ein anderweites fortlaufendes Diensteinkommen beziehen, so haben sie die entsprechende Vergütung zu zahlen.

23. Für die Benutzung von Gärten, welche nach der von dem Verwaltungschef zu treffenden Entscheidung als Zubehör der Dienstwohnung anzusehen sind, ist eine Vergütung an die Staatskasse nicht zu entrichten.

24. Insoweit Beamten die Benutzung von Dienstwohnungen zur Zeit des Inkrafttretens dieses Regulativs gegen eine geringere Vergütung verstattet ist, tritt die Berechnung der höheren Vergütung erst in dem Falle ein, wenn dem Wohnungsinhaber eine das Mehr der Vergütung übersteigende Erhöhung seines Diensteinkommens zu Theil wird.

Dienstwohnungen mit Repräsentation.

25. In Betreff der Dienstwohnungen, die einer Ausstattung mit Mobilar, Tafel-, Haus- und Wirthschaftsgeräth bedürfen, bleiben die Vorschriften des Allerhöchsten Erlasses vom 24. Juni 1861, in Betreff der Dienstwohnungen der Minister diejenigen des Allerhöchsten Erlasses vom 12. Februar 1866 und bezüglich der Gärten diejenigen des Allerhöchsten Erlasses vom 19. November 1862 maßgebend.

26. Mobilien und Ausstattungsgegenstände, welche auf Kosten des Staats für die Repräsentationsräume einer Dienstwohnung beschafft und bei diesem im Inventarium (§. 5 litt. b) verzeichnet sind, dürfen von dem Wohnungsinhaber in anderen Räumen nicht verwendet werden.

27. Bei Dienstwohnungen mit Repräsentationsräumen werden in letzteren sämmtliche für Wiederherstellung oder Erneuerung der Wand- und Deckenflächen, mögen sie getüncht, gefärbt, gemalt, tapezirt oder mit plastischer Bekleidung ausgestattet sein, erforderlichen Ausgaben, ingleichen die Kosten für Unterhaltung und Erneuerung des Anstrichs der inneren Thüren und Fenster, der Paneele, hölzernen Verschläge und Wandschränke, sowie für Beschaffung und Unterhaltung von Glockenzügen oder ähnlicher Vorrichtungen zum Herbeirufen des Gesindes, von der Staatskasse getragen.

28. Gehört zu Dienstwohnungen, deren Inhabern eine Repräsentation obliegt, ein Garten, so fällt

die Unterhaltung desselben der Staatskasse zur Last. Welche Dienstwohnungen hierher zu rechnen sind, wird durch den Verwaltungschef im Einvernehmen mit dem Finanzminister bestimmt. Die Unterhaltungskosten der Gärten sind zu veranschlagen und in den Kassenetats als Unterfonds zu vermerken.

Verfahren bei Veränderungen in den Dienstwohnungen.

29. Veränderungen in der Anordnung und Ausstattung der Dienstwohnungen nebst Zubehör sind nur unter Zustimmung der Aufsichtsbehörde und Berichtigung des Inventars (§§. 4 ff.) statthaft.

30. Die Aufsichtsbehörde hat bei Genehmigung des Gesuchs zu bestimmen:

a) ob bei der Rückgewähr der frühere Zustand wieder herzustellen oder die Abänderung beizubehalten ist;
d) ob letzteren Falls der für die Staatskasse sich ergebende Vortheil dazu angethan erscheint, einen Beitrag aus Staatsmitteln zu den Herstellungskosten entweder sofort oder bei der Rückgewähr bei dem Verwaltungschef in Antrag zu bringen.

Dienstwohnungen in gemietheten Gebäuden.

31. Auf Dienstwohnungen, welche vom Staate angemiethet sind, findet dieses Regulativ nur insoweit Anwendung, als es die besonderen Verhältnisse des einzelnen Falles, insbesondere der abgeschlossene Miethsvertrag gestatten. Sind von der Behörde in dem Miethsvertrage besondere Verpflichtungen in

Betreff der Unterhaltung der Räume oder ihrer Zubehörungen übernommen, so hat der Wohnungsinhaber für Erfüllung solcher Verabredungen in der Regel nur insoweit aufzukommen, als Verpflichtungen gleicher Art den Inhaber einer Dienstwohnung in einem Staatsgebäude treffen würden, während alle weitergehenden Verpflichtungen dem Staate zur Last fallen.

Die nähere Festsetzung hierüber bleibt im Einzelfalle dem Verwaltungschef vorbehalten.

32. Bei Dienstwohnungen in angemietheten Räumen darf die Aufnahme eines Inventars (§. 4) unterbleiben, sofern der Miethsvertrag die erforderlichen Angaben in ausreichender Uebersichtlichkeit enthält.

Schlußbestimmungen.

33. Das vorstehende Regulativ tritt für den ganzen Umfang der Monarchie mit dem 1. April 1881 in Kraft.

Die entgegenstehenden Vorschriften, namentlich das Regulativ vom 18. Oktober 1822 und die dasselbe ergänzenden und abändernden Bestimmungen sind aufgehoben.

Das Regulativ findet auch auf die Beamten Anwendung, welche sich am 1. April 1881 im Genusse einer Dienstwohnung befinden. Nur für diejenigen dieser Beamten, denen zur Zeit des Inkrafttretens dieses Regulativs ein Rechtsanspruch auf eine besondere Behandlung hinsichtlich der Unterhaltungspflicht ihrer Dienstwohnungen zusteht, bewendet es auf deren Verlangen lediglich bei den jenen Anspruch begründenden Vorschriften.

34. In zweifelhaften Fällen bei Anwendung dieses Regulativs entscheidet der Verwaltungschef im Einvernehmen mit dem Finanzminister.

31.

Erlaß des Finanzministers zu dem Regulativ.[1] Vom 27. Oktober 1880.

(Min.Bl. f. d. i. V. S. 263.)

Die Königliche Regierung erhält anbei.... Druck-Exemplare des unterm 26. Juli d. Js. Allerhöchst genehmigten, mit dem 1. April k. Js. in Kraft tretenden Regulativs über die Dienstwohnungen der Staatsbeamten.

Für die Ausführung dieses Regulativs, durch welches alle seither hinsichtlich der Dienstwohnungen erlassenen allgemeinen und besonderen Vorschriften aufgehoben sind, wird auf nachstehende Gesichtspunkte hingewiesen:

1. Zur Sicherung einer ordnungsmäßigen Führung der Inventarien (§§. 4—6 des Regulativs) ist es erforderlich, daß zwischen den beiden, durch die Aufsichtsbehörde und durch den Wohnungsinhaber aufzubewahrenden Exemplaren

---

[1] Vgl. auch die hiermit wesentlich übereinstimmenden Erlasse des Justizministers vom 14. Dezember 1880 (Just.Min.-Bl. S. 330) und des Ministers der geistl. rc. Angelegenheiten vom 24. November 1880. G. III. 8236.

des Inventariums stets vollständige Uebereinstimmung in Form und Inhalt stattfindet.

Neben der im §. 3 des Regulativs erwähnten allgemeinen Prüfung des Zustandes der Dienstwohnungen sind die Inventarien sowohl bei der Uebergabe und Rückgewähr der Dienstwohnungen, als auch während der Benutzung Seitens des Inhabers der Regel nach alljährlich einmal einer Revision zu unterziehen. Dieselbe hat sich auf die Prüfung der im Inventarium nachgetragenen Zugänge, der nachgewiesenen Abgänge und auf das Vorhandensein der sonach verbliebenen Gegenstände zu erstrecken.

Ueber das Ergebniß einer jeden Revision ist eine Verhandlung aufzunehmen und zu den Akten zu bringen.

2. Da die Ueberlassung von Dienstwohnungen nur nach Maßgabe des Etats zu erfolgen hat (§. 7 des Regulativs), so müssen sämmtliche den Beamten überwiesene Dienstwohnungen in den Special-Etats der betreffenden Verwaltungen aufgeführt werden. Ist für die Dienstwohnung eine Vergütung nicht zu entrichten, so ist dieselbe als „freie" zu bezeichnen (§. 18 des Regulativs).

3. Bei der Uebergabe der Dienstwohnung ist dem neu einziehenden Beamten die im §. 10 des Regulativs bezeichnete ausdrückliche Eröffnung

zu machen, daß für die Ueberweisung und Benutzung der Dienstwohnung die Bestimmungen dieses Regulativs maßgebend sind. Daß dies geschehen, ist in die Uebergabe-Verhandlung aufzunehmen.

4. Die erleichterte Unterhaltungspflicht des Wohnungsinhabers bedingt eine strenge und unausgesetzte Aufsicht über den Zustand der Dienstwohnung und über die dem Inhaber obliegenden Leistungen, wie solches im §. 3 des Regulativs vorgeschrieben ist.

Da abweichend von den bisherigen Vorschriften nach den Bestimmungen im §. 14 litt. g. und §. 15 litt. c. des Regulativs die Kosten der Tapezierungen, der Erneuerung des Anstrichs der Wände, Decken, Thüren, Fenster u. s. w. die Staatskasse treffen, sofern es sich um eine Wiederherstellung der Gesammtflächen handelt, so ist in der Regel zunächst das Bedürfniß sorgfältig festzustellen, namentlich darauf zu sehen, ob eine den besonderen Verhältnissen entsprechende Abnutzungszeit vergangen ist und ob nicht die Nothwendigkeit der Wiederherstellung durch Muthwillen oder Fahrlässigkeit des Inhabers, seiner Angehörigen oder seines Gesindes veranlaßt ist, so daß der Inhaber nach der Bestimmung im §. 14 litt. i. für die Wiederherstellung des früheren Zustandes in Anspruch zu nehmen ist.

5. Nach §. 17 des Regulativs gelten als Unterbeamte, denen eine erhebliche Erleichterung in der Unterhaltungspflicht der Dienstwohnungen zu Theil wird, die in Gemäßheit des Gesetzes vom 24. Februar 1877, betreffend die Umzugskosten der Staatsbeamten (G.S. S. 15), §. 1 Nr. VIII zu den Unterbeamten zu zählenden Staatsbeamten. Ausgeschlossen hiervon bleiben diejenigen Beamten, welche nach §. 1 ad VII im Artikel I des Gesetzes vom 28. Juni 1875, betreffend die Abänderung des Gesetzes vom 24. März 1873 über die Tagegelder und Reisekosten der Staatsbeamten (GS. S. 370), zu einem Tagegeldersatze von 4. Mk. 50 Pf. berechtigt sind und dementsprechend zu der Klasse VII im §. 1 des gedachten Umzugskosten-Gesetzes gezählt werden.

6. Nachdem die bisherigen Sätze der für die Benutzung der Dienstwohnungen zu entrichtenden Vergütung anderweit festgesetzt sind (cfr. §§. 18 bis 21 des Regulativs), soll die Berechnung der danach zu entrichtenden höheren Vergütung, falls Beamten die Benutzung von Dienstwohnungen zur Zeit des Inkrafttretens des Regulativs gegen eine geringere Vergütung verstattet ist, nach der Bestimmung im §. 24 erst in dem Falle eintreten, wenn dem Wohnungsinhaber eine das Mehr der Vergütung übersteigende Erhöhung seines Diensteinkommens

zu Theil wird. Ist dagegen die zur Zeit zu entrichtende Vergütung höher als der regulativmäßige Satz, so hat die anderweite Normirung der Vergütung schon vom 1. April k. Js. ab zu erfolgen.

7. Für die Benutzung von Gärten, welche als Zubehör der Dienstwohnung anzusehen sind, ist eine Vergütung an die Staatskasse nicht zu entrichten (§. 23 des Regulativs). Es wird dieses in der Regel zutreffen, wenn die Gärten nur für die Erholung des Inhabers oder für die Erzielung von Gemüsen oder Gartenfrüchten seines Haushaltsbedarfs bestimmt sind und ihre Lage eine andere Verwerthung nicht thunlich erscheinen läßt. Sind die Gärten jedoch nach dem Umfange ihres Areals für eine landwirthschaftliche Nutzung oder vermöge ihrer abgesonderten Lage zur Einzelverpachtung geeignet, so ist für den Genuß einer derartigen Nutzung von dem Wohnungsinhaber eine denselben entsprechende und durch sachverständige Schätzung zu ermittelnde Vergütung zu zahlen. Walten in Fällen vorstehender Art Zweifel ob, so ist die diesseitige Entscheidung einzuholen. Insoweit von dem Wohnungsinhaber für die Benutzung von Gärten bisher eine Vergütung entrichtet ist, behält es hierbei bis auf Weiteres sein Bewenden.

Sofern sich bei Anwendung dieses Regulativs

noch in dem einen oder dem anderen Punkte prinzipielle Bedenken ergeben sollten, so bleibt dieserhalb hierher zu berichten.

32.

Kabinetsorder vom 27. April 1816, wegen der den Hinterbliebenen Königlicher Beamten zu bewilligenden Gnaden- und Sterbe-Quartale.

(G.S. S. 134.)

Auf den von dem Staatsministerium wegen der Gnaden- und Sterbe-Quartale in dem Berichte vom 12. d. M. Mir gemachten Vortrag will ich genehmigen, daß

1. und 2.[1]

Wegen der Dienstwohnungen bestimme Ich:

3. daß nach dem Absterben eines Offizianten, die Sessions- und Arbeitsstube ohne Verzug geräumt, insofern die letztere aber so belegen ist, daß sie nicht füglich von der Familienwohnung abgesondert werden kann, eine andere Stube zum Arbeitszimmer eingeräumt werden soll, und daß die Familie des Verstorbenen demnächst auch für die Dauer der Gnadenmonate in der Dienstwohnung bleiben darf. Sollte bei Ablauf des letzten Monats, wegen des damit nicht übereintreffenden Miethsquartals, das anderweite Unterkommen der Familie Schwierigkeiten finden, so soll solche entweder mit dem früher eintretenden Miethsquartal

[1] Zu 1 und 2 durch das Gesetz vom 6. Februar 1881 ersetzt.

die Wohnung räumen und durch den Dienstnachfolger für die Monate entschädigt werden, für welche ihr eigentlich die freie Wohnung noch zukömmt, oder die Familie soll bis zum nächstfolgenden Miethsquartal darin belassen werden, und nur verpflichtet sein, dem Nachfolger im Dienst ein gewöhnliches Absteigequartier für seine Person und einen oder mehrere Domestiken einzuräumen.

Zugleich setze Ich fest, daß ohne Rücksicht auf das bisherige Verfahren, nach den obigen Grundsätzen bei allen landesherrlichen Kollegien und Civilstellen verfahren werden soll, jedoch mit Ausschluß der Geistlichen und Schullehrer und der Mitglieder der Akademie der Wissenschaften, für welche resp. die Vorschriften des Allgemeinen Landrechts und des Ostpreuß. Provinzialrechts, so wie die am 24. Januar 1812 von Mir vollzogenen Statuten nach wie vor zu befolgen sind.

VIII. Tagegelder, Reise- und Umzugskosten.

33.

Gesetz, betreffend die Tagegelder und die Reisekosten der Staatsbeamten. Vom 24. März 1873.

(G.S. S. 122).

in der durch das Gesetz vom 28. Juni 1875[1] (G.S. S. 370) und die Verordnung vom 15. April 1876[2] (G.S. S. 107) abgeänderten Fassung.

— Wegen der Geltung im Kreis Herzogthum Lauenburg s. Verordnung vom 31. Mai 1879 (G.S. S. 363). —

§. 1. Die Staatsbeamten erhalten bei Dienstreisen[3] Tagegelder nach den folgenden Sätzen:

---

[1] Diesem entspricht die jetzige Fassung des §. 10.

[2] Durch diese haben §§. 1, 4, 6, 7, und 12 die jetzige Fassung erhalten.

[3] Ueber die Anwendbarkeit obiger Vorschriften in den vor die ordentlichen Gerichte gehörigen Rechtssachen, auf welche die Civilprozeßordnung, die Strafprozeßordnung oder die Konkursordnung Anwendung findet, bestimmt §. 14 der Deutschen Gebührenordnung für Zeugen und Sachverständige v. 30. Juni 1878 (R.G.Bl. S. 173) Folgendes:

§. 14. Oeffentliche Beamte erhalten Tagegelder und Erstattung von Reisekosten nach Maßgabe der für Dienstreisen geltenden Vorschriften, falls sie zugezogen werden:

1. als Zeugen über Umstände, von denen sie in Ausübung ihres Amtes Kenntniß erhalten haben;
2. als Sachverständige, wenn sie aus Veranlassung ihres Amtes zugezogen werden und die Ausübung der

I.	Aktive Staatsminister . . .	30 Mark,
II.	Beamte der ersten Rangklasse	24 "
III.	Beamte der zweiten und dritten Rangklasse	18 "
IV.	Beamte der vierten und fünften Rangklasse	12 "
V.	Beamte, welche nicht zu obigen Klassen gehören, soweit sie bisher zu dem Diätensatze von 1 Thlr. 20 Sgr. beziehungsweise 2 Thlr. berechtigt waren	9 "
VI.	Subalternbeamte der Provinzial-, Kreis- und Lokalbehörden und andere Beamte gleichen Ranges	6 "
VII.	Andere Beamte, welche nicht zu den Unterbeamten zu zählen sind	4 M. 50 Pf.
VIII.	Unterbeamte	3 " — "

2. Erfordert eine Dienstreise einen außergewöhnlichen Kostenaufwand, so kann der Tagegeldersatz (§. 1) von dem Verwaltungs-Chef angemessen erhöht werden.

Wissenschaft, der Kunst oder des Gewerbes, deren Kenntniß Voraussetzung der Begutachtung ist, zu den Pflichten des von ihnen versehenen Amtes gehört.

Werden nach den Vorschriften dieses Paragraphen Tagegelder und Reisekosten gewährt, so findet eine weitere Vergütung an den Zeugen oder Sachverständigen nicht statt.

3. Etatsmäßig angestellte Beamte, welche vorübergehend außerhalb ihres Wohnortes bei einer Behörde beschäftigt werden, erhalten für die Dauer dieser Beschäftigung neben ihrer Besoldung die im §. 1 festgesetzten Tagegelder.

Nicht etatsmäßig angestellte Beamte haben im gleichen Falle auf die im §. 1 festgesetzten Tagegelder nur für die Dauer der Hin- und Rückreise Anspruch. Für die Dauer der Beschäftigung werden die denselben zu gewährenden Tagegelder durch die vorgesetzte Behörde bestimmt.

4. An Reisekosten, einschließlich der Kosten der Gepäckbeförderung, erhalten:

I. bei Dienstreisen, welche auf Eisenbahnen oder Dampfschiffen gemacht werden können:
   1. die im §. 1 unter I. bis V. bezeichneten Beamten für das Kilometer 13 Pf. und für jeden Zu- und Abgang 3 Mark.

      Hat einer dieser Beamten einen Diener auf die Reise mitgenommen, so kann er für denselben 7 Pf. für das Kilometer beanspruchen,
   2. die im §. 1 unter VI. und VII. genannten Beamten für das Kilometer 10 Pf. und für jeden Zu- und Abgang 2 Mark,
   3. die im §. 1 unter VIII. genannten Beamten für das Kilometer 7 Pf. und für jeden Zu- und Abgang 1 Mark;

II. bei Dienstreisen, welche nicht auf Dampfschiffen oder Eisenbahnen zurückgelegt werden können:

1. die im §. 1 unter I. bis IV. genannten Beamten . . . . 60 Pf.,
2. die im §. 1 unter V. und VI. genannten Beamten . . . . 40 „
3. die im §. 1 unter VII. und VIII. genannten Beamten . . . . 30 „

für das Kilometer.

Haben erweislich höhere Reisekosten als die unter I. und II. festgesetzten aufgewendet werden müssen, so werden diese erstattet.

5. Die Reisekosten werden für die Hin- und Rückreise besonders berechnet. Hat jedoch ein Beamter Dienstgeschäfte an verschiedenen Orten unmittelbar nach einander ausgerichtet, so ist der von Ort zu Ort wirklich zurückgelegte Weg ungetheilt der Berechnung der Reisekosten zu Grunde zn legen.

6. Für Geschäfte am Wohnorte des Beamten werden weder Tagegelder noch Reisekosten gezahlt; dasselbe gilt von Geschäften außerhalb des Wohnorts in geringerer Entfernung als 2 Kilometer von demselben. War der Beamte durch außergewöhnliche Umstände genöthigt, sich eines Fuhrwerks zu bedienen, oder waren sonstige nothwendige Unkosten, wie Brücken- oder Fährgeld aufzuwenden, so sind die Auslagen zu erstatten.

Für einzelne Ortschaften kann durch den Verwaltungschef in Gemeinschaft mit dem Finanzminister bestimmt werden, daß den Beamten bei den außerhalb des Dienstgebäudes vorzunehmenden Geschäften die verauslagten Fuhrkosten zu erstatten sind.

7. Bei Berechnung der Entfernungen wird jedes angefangene Kilometer für ein volles Kilometer gerechnet.

Bei Reisen von nicht weniger als 2 Kilometer, aber unter 8 Kilometer, sind die Fuhrkosten für 8 Kilometer zu gewähren.

8. Beamte, welche zum Zweck von Reisen innerhalb ihres Amtsbezirks neben oder in ihrem Einkommen eine Pauschsumme für Reisekosten oder Unterhaltung von Fuhrwerk oder Pferden beziehen, erhalten Tagegelder und Reisekosten nach Maßgabe dieses Gesetzes nur dann, wenn sie Dienstgeschäfte außerhalb ihres Amtsbezirks ausgeführt haben.

Werden Beamte, welche eine solche Pauschsumme beziehen, wegen Urlaubs oder sonstiger Verhinderung vertreten, so haben dieselben ihren Stellvertreter angemessen zu entschädigen. Diese Entschädigung und die unter besonderen Umständen zulässigen Ausnahmen bestimmt die vorgesetzte Behörde.

9. Für Dienstreisen von Beamten, welche sich im Vorbereitungsdienst befinden, werden Tagegelder und Reisekosten dann nicht gewährt, wenn die Reisen lediglich zum Zwecke der Ausbildung dieser Beamten erfolgen. Ob letzteres der Fall ist, entscheidet die vorgesetzte Dienstbehörde.

10. Ist der persönliche Rang eines Beamten ein

höherer, als der mit dem Amt verbundene, so ist der letztere für die Feststellung der Tagegelder- und Reisekostensätze maßgebend. Beamte, welche im Range zwischen zwei Klassen stehen, erhalten die für die niedrigere Klasse bestimmten Sätze. Für Beamte, denen ein bestimmter Rang nicht verliehen ist, entscheidet der Verwaltungschef in Gemeinschaft mit dem Finanzminister über die denselben nach Maßgabe dieses Gesetzes zu gewährenden Sätze. In gleicher Weise erfolgt die Entscheidung darüber, welche Beamte zu den im §. 1 unter VII und VIII genannten zu zählen sind.[1]

11. Dieses Gesetz tritt mit dem 1. April 1873 in Kraft.

Alle demselben entgegenstehenden Bestimmungen sind aufgehoben, insbesondere: die Verordnung vom 28. Juni 1825 wegen Vergütigung der Diäten und Reisekosten für kommissarische Geschäfte in Königlichen Dienstangelegenheiten (G.S. S. 163) und der Erlaß vom 10. Juni 1848 über die Tagegelder und Fuhrkosten bei Dienstreisen der Staatsbeamten (G.S. S. 151).

Wo in besonderen Vorschriften auf die hiernach aufgehobenen Bestimmungen Bezug genommen wird, treten die entsprechenden Bestimmungen dieses Gesetzes an deren Stelle.

12. Die gesetzlichen und Verwaltungs-Vorschriften, welche für einzelne Dienstzweige oder Dienst-

[1] §. 9 des Umzugskostengesetzes v. 24. Febr. 1877.

geschäfte bezüglich der den Beamten aus der Staatskasse zu gewährenden Tagegelder und Reisekosten ergangen sind, bleiben vorläufig in Kraft. Eine Abänderung derselben kann im Wege Königlicher Verordnung erfolgen.

Die in den vorstehenden §§. 1 und 4 bestimmten Sätze dürfen jedoch nicht überschritten werden.

Unter gleicher Beschränkung kann die Gewährung von Tagegeldern und Reisekosten für einzelne Dienstzweige oder Dienstgeschäfte auch fernerhin im Wege Königlicher Verordnung besonders geregelt werden.

Desgleichen können die Sätze von Tagegeldern und Reisekosten, welche den in Angelegenheiten der direkten Staatssteuern berufenen Kommissionsmitgliedern und Abgeordneten zu gewähren sind, im Wege der Königlichen Verordnung geändert oder neu bestimmt werden.

Die Bestimmung in den vorstehenden §§. 6 und 7, wonach die Entfernung von 2 beziehungsweise 8 Kilometern für die Berechtigung auf Tagegelder und Reisekosten, sowie deren Berechnung maßgebend ist, findet auch auf die vorerwähnten besonderen Vorschriften entsprechende Anwendung.[1]

---

[1] Hinsichtlich der Tagegelder und Reisekosten der einzelnen Dienstzweige sind nachstehende Gesetze und Verordnungen ergangen, und zwar für:

Auseinandersetzungsbeamte. Gesetz vom 3. März 1877 (G.S. S. 99);

Beamte bei der Revision von Eisenbahnstrecken und in

34.

Gesetz, betreffend die Umzugskosten der Staatsbeamten. Vom 24. Februar 1877.

(G.S. S. 15.)

§. 1. Die Staatsbeamten erhalten bei Versetzungen eine Vergütung für Umzugskosten nach folgenden Sätzen:

Strombefahrungs=Angelegenheiten: Verordnung vom 7. Januar 1876 (G.Bl. S. 31);
Eisenbahnbeamte: Verordnungen vom 30. Oktober 1876 (G.S. S. 451), 4. März 1895 (S. 37);
Gerichtsvollzieher: §. 17 der Reichs=Gebührenordnung für Gerichtsvollzieher vom 24. Juni 1878 (R.G.Bl. S. 166);
Gesandtschaftliche Beamte: Verordnung vom 1. Mai 1879 (G.S. S. 351) und 28. März 1881 (G.S. S. 276);
Justizbeamte: Verordnungen vom 24. Dezember 1873, 8. Mai 1876 und 11. Februar 1880 (G.S. S. 2 von 1874 bezw. 119 und 53); Allg. Verfügung vom 1. Februar 1889 (Just.Min.Bl. S. 47) für den Kreis Herzogthum Lauenburg, Verordnung vom 31. Mai 1879 (G.S. S. 363);
Landgensdarmerie: Verordnungen vom 1. April 1874, 1. November 1876 und 14. Oktober 1881 (G.S. S. 131 bezw. 457 und 339);
Landwirthschaftliche Verwaltung: Zeichner, Hülfszeichner, Meliorationstechniker u. Wiesenbaumeister, Verordnung vom 22. April 1892 (G.S. S. 95);
Medizinalbeamte: Gesetz vom 9. März 1872 (G.S. S. 265), Verordnung vom 4. November 1874 (G.S. S. 354) und Gesetz vom 17. September 1876 (G.S. S. 411);
Notare: §. 22 der Gebührenordnung für Notare vom 25. Juni 1895 (S. 256);

	auf allgemeine Kosten	auf Transportkosten für je 10 Kilometer.
I. Beamte der ersten Rangklasse. . . .	1800 Mark	24 Mark
II. Beamte der zweiten und dritten Rangklasse	1000 „	20 „
III. Beamte der vierten Rangklasse. . . .	500 „	10 „
IV. Beamte der fünften Rangklasse. . . .	300 „	8 „

Regierungs-Civil-Supernumerare als Protokollführer bei der Abschätzung von Manöver-Flurschäden: Verordnung vom 11. Mai 1895 (G.S. S. 183);

Mitglieder der Bezirks- und Veranlassungkommissionen für die anderweite Regelung der **Grundsteuer**: Verordnung vom 19. Mai 1873 (G.S. S. 226);

Kommissions- und Ausschußmitglieder in Angelegenheiten der direkten **Staatssteuern**, Verordnung vom 4. Juli 1892 (G.S. S. 201) u. 4. Februar 1894 (S. 6);

Schutzmannschaft in Berlin und Charlottenburg: Verordnungen vom 26. Oktober 1874 und 12. Juni 1876 (G.S. S. 349 bezw. 270);

Strafanstaltsbeamte: Verordnung vom 21. Juni 1876 (G.S. S. 257);

Beamte der Lokalverwaltung der **Zölle** und indirekten **Steuern**: Verordnung vom 22. April 1885 (G.S. S. 125 und 9. August 1892 S. 240).

Ferner für

Beamte bei ihrer Vernehmung als **Zeugen** oder **Sachverständige**: §. 14 der Reichs-Gebührenordnung für Zeugen und Sachverständige vom 30. Juni 1878 (R.G.Bl. S. 173), sowie Cirkular des Ministers des Innern nebst Tarif vom 27. Februar 1884 (Min.Bl. f. d. i. V. S. 30).

	auf allgemeine Kosten	auf Transport-kosten für je 10 Kilometer.
V. Beamte, welche nicht zu den obigen Klassen gehören, soweit sie gesetzlich zu einem Tagegeldersatze von 9 Mark berechtigt sind . . .	240 Mark	7 Mark
VI. Subalternbeamte der Provinzial-, Kreis- und Lokalbehörden und andere Beamte gleichen Ranges, welche nicht zu den Beamten der Klasse V. gehören	180 „	6 „
VII. Andere Beamte, welche nicht zu den Unterbeamten zu zählen sind	150 „	5 „
VIII. Unterbeamte . . .	100 „	4 „

2. Bei Berechnung der Entfernung ist die kürzeste fahrbare Straßenverbindung zu Grunde zu legen. Jede angefangene Strecke von 10 Kilometern wird für volle 10 Kilometer gerechnet.

3. Die nicht etatsmäßig angestellten Beamten erhalten bei Versetzungen nur Tagegelder und Reisekosten. Jedoch sind den im höheren Staatsdienste außeretatsmäßig beschäftigten Assessoren und Räthen

Umzugskosten alsdann zu gewähren, wenn sie vor der Versetzung bereits gegen eine fixirte Remuneration dauernd beschäftigt waren. Ob diese Voraussetzungen zur Gewährung von Umzugskosten vorhanden sind, entscheidet der Ressortchef im Einvernehmen mit dem Finanzminister.

4. Die zu Umzugskosten berechtigten Beamten erhalten außer denselben für ihre Person Tagegelder und Reisekosten.

Auch ist diesen Beamten der Miethszins zu vergüten, welchen dieselben für die Wohnung an ihrem bisherigen Aufenthaltsorte auf die Zeit von dem Verlassen des letzteren bis zu dem Zeitpunkte haben aufwenden müssen,[1] mit welchem die Auflösuug des Miethsverhältnisses möglich war. Diese Vergütung darf längstens für einen neunmonatlichen Zeitraum gewährt werden. Hat der Beamte im eigenen Hause gewohnt, so kann demselben eine Entschädigung bis höchstens zum halbjährigen Betrage des ortsüblichen Miethswerths der innegehabten Wohnung gewährt werden.

5. Beamte ohne Familie erhalten nur die Hälfte der im §. 1 festgesetzten Vergütung.

6. Von den Vergütungssätzen (§. 1) kommt der-

---

1) §. 376 Th. I Tit. 22 Allg. Landrechts (über das Abgehen vom Miethsvertrage) ist auch auf Beamte anwendbar, welche auf ihren Wunsch versetzt werden, bezw. nur mit ihrer Zustimmung versetzt werden können, Reichsgericht IV Civilsenat vom 11. Junt 1888 — Nr. 86.

jenige in Anwendung, welchen die Stellung bedingt, aus welcher — nicht in welche — der Beamte versetzt wird.

7. Personen, welche, ohne vorher im Staatsdienste gestanden zu haben, in denselben übernommen werden, kann eine durch den Verwaltungschef im Einvernehmen mit dem Finanzminister festzusetzende Vergütung für Umzugskosten gewährt werden.

8. Auf Wartegeldempfänger, welche wieder in den aktiven Staatsdienst aufgenommen werden, findet dieses Gesetz mit der Maßgabe Anwendung, daß für die Umzugskostenvergütung die Entfernung zwischen dem Wohnorte des Wartegeldempfängers und dem neuen Amtssitze desselben zu Grunde zu legen ist.

9. Die Bestimmungen im §. 10 des Gesetzes, betreffend die Tagegelder und Reisekosten der Staatsbeamten, vom 24. März 1873 (G.S.S. 122), finden bei Festsetzung der Vergütung für Umzugskosten entsprechende Anwendung.

10. Dieses Gesetz tritt mit dem 1. April 1877 in Kraft. Alle demselben entgegenstehenden Bestimmungen sind aufgehoben, insbesondere der Erlaß vom 26. März 1855, betreffend die Vergütung der den Beamten bei Versetzungen erwachsenden Umzugskosten (G.S. S. 190), und das Umzugskosten-Reglement für Steuerbeamte vom Ober-Inspektor abwärts vom 11. April 1856 (Minist.-Bl. für die innere Verw. S. 154). Wo in besonderen Vor-

schriften auf die hiernach aufgehobenen Bestimmungen Bezug genommen wird, treten die entsprechenden Bestimmungen dieses Gesetzes an deren Stelle.

11. Die besonderen Vorschriften, welche für einzelne Dienstzweige bezüglich der den Beamten aus der Staatskasse zu gewährenden Umzugskosten ergangen sind, bleiben — mit Ausnahme der nach §. 10 aufgehobenen — vorläufig in Kraft. Eine Abänderung derselben kann im Wege Königlicher Verordnung erfolgen. Die in diesem Gesetze bestimmten Sätze dürfen jedoch nicht überschritten werden.[1]

Die Sätze für Gesandtschaftsbeamte können jedoch nach Maßgabe derjenigen Beträge festgesetzt werden, welche für die entsprechenden Beamtenklassen in der auf Grund des §. 18 des Reichsgesetzes vom 31. März 1873 (R.G.Bl. S. 61) zu erlassenden Kaiserlichen Verordnung bestimmt werden.[2]

---

[1] Verordnung, betr. die Umzugskosten von Beamten der Staatseisenbahnen und der unter der Verwaltung des Staats stehenden Privateisenbahnen vom 26. Mai 1877 (G.S. S. 173), 4. März 1895 (S. 41).

Desgl. der Mitglieder der Landgendarmerie vom 27. Januar 1879 (G.S. S. 22), und der Oberwachtmeister der Landgendarmerie vom 19. September 1883 (S. 347).

[2] Verordnung, betr. die Tagegelder, die Fuhrkosten und die Umzugskosten der gesandtschaftlichen Beamten vom 1. Mai 1879 (G.S. S. 351) u. 28. März 1881 (G.S. S. 276).

35.

Cirkular und Erlaß der Minister der Finanzen und des Innern, betreffend die Umzugskosten der Staatsbeamten.

Vom 4. Mai 1877.

(Min.Bl. f. d. i. V. S. 112.)

Nachdem das Gesetz vom 24. Februar d. J., betreffend die Umzugskosten der Staatsbeamten, durch die Ges.-Samml. S. 15 publizirt worden ist, wird in Bezug auf die Anwendung dieses Gesetzes hierdurch Folgendes bestimmt:

1. Für die Feststellung des Dienstranges der Beamten behufs Zuzählung derselben in die im §. 1 des Gesetzes aufgeführten Klassen finden die für das Gesetz vom 12. Mai 1873, betreffend die Wohnungsgelderzuschüsse der Beamten (Ges.-Samml. S. 209) sowie die für das Gesetz vom 24. März 1873, betreffend die Tagegelder und die Reisekosten der Staatsbeamten (Ges.-Samml. S. 122) getroffenen Festsetzungen entsprechende Anwendung. Es wird dabei bemerkt, daß die Klasse VI. im §. 1 des Umzugskostengesetzes der Klasse IV. des Tarifs zum Gesetz vom 12. Mai 1873 entspricht, daß jedoch aus der letztgenannten Klasse diejenigen Beamten ausscheiden und zu der Klasse V. im §. 1 des Umzugskostengesetzes zu rechnen sind, welche zu den im §. 1 Nr. V. des Tagegeldergesetzes bezeichneten Beamten gezählt werden

Zu der Klasse VII. im §. 1 des Umzugskostengesetzes gehören diejenigen Beamten, welche nach §. 1 ad VII. im Artikel I. des Gesetzes vom 28. Juni

1875, betreffend die Abänderung des Gesetzes vom 24. März 1873 über die Tagegelder und Reisekosten der Staatsbeamten (Ges.-Samml. S. 370) zu einem Tagegeldersatze von 4 Mark 50 Pf. berechtigt sind. Es kommen dabei namentlich die Förster, sowie die Grenz- und Steueraufseher in Betracht.

2. Der Anspruch auf Umzugskosten steht nur den etatsmäßig angestellten Beamten und den im höhern Staatsdienste außeretatsmäßig beschäftigten Assessoren und Räthen in dem Fall zu, wenn sie vor der Versetzung bereits gegen eine fixirte Remuneration dauernd beschäftigt waren. (§. 3 des Ges.) Werden Beamte aus einem andern Ressort in die allgemeine Verwaltung als außeretatsmäßige Assessoren oder Räthe übernommen, so ist hinsichtlich der Gewährung von Umzugskosten in jedem Falle die diesseitige Entscheidung einzuholen.

3. Nachdem die bisherige Bestimmung aufgehoben ist, wonach eine Vergütigung für Umzugskosten nicht stattfand, wenn die Versetzung lediglich auf den Antrag des Beamten erfolgte, ist es Pflicht der über die Versetzung beschließenden Behörde, die hierauf gerichteten Anträge der Beamten vom allgemeinen dienstlichen Standpunkte einer sorgfältigen Prüfung zu unterziehen. Anträge auf Versetzung unter Bewilligung der Umzugskosten werden in der Regel nur alsdann zu berücksichtigen sein, wenn dadurch neben den persönlichen Wünschen der Antragsteller auch gleichzeitig dem dienstlichen Interesse

entsprochen wird. Ob letzteres der Fall ist, bleibt jedesmal genau zu erwägen und ist im Zweifelsfalle die diesseitige Entscheidung einzuholen.

4. Die Erstattung der Miethe (§. 4), welche der versetzte Beamte für seine an dem bisherigen Aufenthaltsorte innegehabte Wohnung vom Tage des Verlassens der letzteren ab noch zu entrichten verpflichtet gewesen ist, hat erst nach vollständiger Auflösung des Miethsverhältnisses zu erfolgen. Die Erstattung erfolgt unter der Voraussetzung, daß der Beamte nach dem Kontrakte bezw. nachweisbar zu einer früheren Vermiethung nicht in der Lage war, das Leerstehen der Wohnung obrigkeitlich bescheinigt und die Zahlung der Miethe glaubhaft nachgewiesen wird.

War der Beamte durch die vorliegenden Umstände gezwungen, seine Familie noch eine Zeit lang in der früheren Wohnung zurückzulassen, so kann ihm die Miethsentschädigung gleichwohl gewährt werden. Im Uebrigen bleiben alle seither in Bezug auf die Erstattung von Wohnungsmiethe ergangenen allgemeinen Verwaltungsvorschriften in Kraft.

5. Unter „Familie“ im Sinne des §. 5 des Gesetzes sind nicht nur Ehefrau, Kinder oder Eltern, sondern auch andere nahe Verwandte und Pflegekinder zu verstehen, sofern der Beamte denselben in seinem Hausstande Wohnung und Unterhalt auf Grund einer gesetzlichen oder moralischen Unterstützungsverbindlichkeit gewährt. Jedenfalls muß ein eigener Hausstand von dem Beamten geführt werden.

6. Die den Beamten bei Versetzungen zustehenden persönlichen Tagegelder und Reisekosten werden nicht, wie die Umzugskosten, nach dem Dienstrange der Stelle, aus welcher, sondern in welche die Versetzung erfolgt, liquidirt.

Die den außeretatsmäßigen verheiratheten Beamten bisher nachgelassene Begünstigung, die persönlichen Reisekosten und Tagegelder auch bei Benutzung von Eisenbahnen oder Dampfschiffen nach dem Landwege liquidiren zu dürfen, ist aufgehoben.

7. Der diesseitigen Ermächtigung zur Zahlung von Umzugskosten, Miethsentschädigungen, persönlichen Reisekosten und Tagegeldern bedarf es fortan nur noch in den vorstehend zu 2 und 3 bezeichneten Fällen. Die Königliche Regierung wird ermächtigt, für die Folge derartige Zahlungen in andern, als den vorbezeichneten Fällen, auf die hierzu bestimmten etatsmäßigen Fonds selbstständig anzuweisen. Sollten sich hierbei in dem einen oder anderen Punkte Zweifel ergeben, so mag Dieselbe darüber berichten.

36.

Cirkular und Erlaß derselben Minister, die Umzugskosten von Staatsbeamten mit Familie betreffend. Vom 31. Juli 1881.[1]

(Min.Bl. f. d. i. V. S. 178.)

Auf Grund eines von dem Königlichen Staats=

[1] Allgemeine Verfügung des Justizministers gleichen Inhalts vom 2. Juli 1881 (Just.Min.Bl. S. 148).

ministerium im Einverständnisse mit der Königlichen Oberrechnungskammer gefaßten Beschlusses vom 21. Juni cr. wird hiermit im Anschluß an unsere Cirkularverfügung vom 4. Mai 1877 — Min.Bl. S. 112 — betreffend die Ausführung des Umzugskostengesetzes vom 24. Februar 1877 (Ges.S. S. 15.) bestimmt, daß die Gewährung des vollen Satzes der Umzugskosten (§§. 1 und 5 des Gesetzes vom 24. Februar 1877) nicht von dem Umstande, daß die Uebersiedelung thatsächlich mit Familie bewirkt worden, sondern lediglich davon abhängig zu machen ist, daß der Beamte zur Zeit des Umzugs Familie gehabt hat.

Die Umzugskosten-Liquidationen der Beamten sind daher in Zukunft zutreffenden Falles dahin zu bescheinigen, daß der Betreffende zur Zeit des Umzuges Familie im Sinne der Bestimmung unter Nr. 5 der obengedachten Cirkularverfügung vom 4. Mai 1877 gehabt habe.

37.

Beschlüsse des Königl. Staatsministeriums, betr. die Berechnung der Reise- und Umzugskosten der Staatsbeamten bei Staatsdienstreisen und Versetzungen.

Beschluß vom 13. Mai 1884.

(Min.Bl. f. d. i. V. S. 107.)

Das Königliche Staatsministerium hat beschlossen, daß die Bestimmungen, welche in der anliegenden „Zusammenstellung einiger Grundsätze, nach welchen bei Berechnung der Reise- und Umzugskosten der Reichsbeamten zu verfahren ist", enthalten sind, in Rücksicht auf die Gleichartigkeit der in Betracht kommenden Preußischen und reichsgesetzlichen Vorschriften und zur Herbeiführung eines gleichmäßigen Verfahrens zwischen den Reichsverwaltungen und den Preußischen Ressorts für die Berechnung der Reisekosten der Preußischen Staatsbeamten nach §. 6 der Verordnung vom 15. April 1876 (G.S. S. 107) und der Umzugskosten bei Versetzungen nach dem Gesetze vom 24. Februar 1877 (G.S. S. 15) in gleichmäßiger Weise zur Anwendung zu bringen sind.

Zusammenstellung einiger Grundsätze, nach welchen bei Berechnung der Reise- und Umzugskosten der Reichsbeamten zu verfahren ist.

Armee-Verordnungsblatt für 1881 S. 134.
Post-Amtsblatt für 1881 S. 390

A.

Bewegt sich die Dienstreise eines Beamten, welchem für die Zeit seines Aufenthalts im Auslande höhere Tagegelder, als für das Inland bewilligt sind, an einem Tage innerhalb und außerhalb des Reichsgebiets, so wird für den Tag des Ueberganges in das Ausland der höhere, für den Tag der Rückkehr in das Inland der niedrigere Tagegeldersatz gewährt.

B.

1. Bei Geschäften außerhalb des Wohnorts, der Garnison rc. (§. 6 der Verordnung vom 21. Juni

1875 — R.G.Bl S. 249 —, §. 7 der Verordnung vom 23. April 1879 — R.G.Bl. S. 127 — §§. 3 bis 5 der Verordnung vom 20. Mai 1880 — R.G.Bl. S. 113 —) wird die dienstlich zurückgelegte Wegestrecke von der Ortsgrenze ab berechnet.[1]

2. Als Endpunkt der dienstlich zurückgelegten Wegestrecke gilt die Mitte des Bestimmungsortes oder, falls die Dienstreise mittelst Eisenbahn oder Dampfschiffs gemacht werden kann, der betreffende Bahnhof oder Anlegeplatz vorbehaltlich der Bestimmung zu D. Handelt es sich um die Erledigung eines Dienstgeschäftes an einer bestimmten Stelle außerhalb eines Ortes, so ist diese Stelle als Endpunkt der Dienstreise anzunehmen.

Anmerkung: Beträgt die Entfernung von der Ortsgrenze des Abgangsortes bis zur Mitte des Bestimmungsortes in der einen Richtung 2 Kilometer oder mehr, in der anderen weniger als 2 Kilometer, so werden Tagegelder und Reisekosten nicht gewährt, sondern nur die verauslagten Fuhrkosten erstattet. Beschluß des Staatsministeriums vom 17. April 1889 (Just.-Min.-Bl. S. 137 u. Min.Bl. f. d. i. V. S. 88 auch 124).

3. Als Ort gilt der hauptsächlich von Gebäuden oder eingefriedigten Grundstücken eingenommene Theil eines Gemeindebezirks, so daß die Ortsgrenze ohne Rücksicht auf vereinzelte Ausbauten oder Anlagen durch die Außenlinie jenes Bezirkstheiles gebildet wird.

---

[1] Zu vergleichen §. 6 des Preußischen Gesetzes vom 24. März 1873 (G.S. S. 122) in der Fassung der Verordnung vom 15. April 1876 (G.S. S. 107).

Besteht ein Gemeindebezirk (Garnisonverband) aus mehreren Ortschaften, so ist als Ort im Sinne dieser Bestimmung nicht die einzelne Ortschaft, sondern der Gemeindebezirk (Garnisonverband) anzusehen.

5. Für die Feststellung der Entfernungen sind die Angaben des Kursbuches der Reichs-Postverwaltung, eventuell der amtlichen Postkarten, maßgebend. Fehlen solche Angaben, oder handelt es sich um die Entscheidung der Frage, ob ein Beamter die für den Anspruch auf Vergütung von Reisekosten maßgebende Entfernung von der Grenze seines Wohnorts ꝛc. hat zurücklegen müssen, so sind zur Feststellung der Entfernungen Bescheinigungen sachkundiger Behörden und bezüglich der im Auslande gemachten Dienstreisen Bescheinigungen der Kaiserlichen Gesandtschaften oder Konsulate beizubringen.

C.

1. Bei Dienstreisen, welche mittelst Eisenbahn oder Dampfschiffs gemacht werden können, kommt die Gebühr für Zu- und Abgang in der Regel nur einmal zum Ansatz.

2. Ein mehrfacher Ansatz dieser Gebühr findet statt:

a) wenn an Zwischenorten übernachtet werden muß;

b) wenn die Eisenbahn oder das Dampfschiff an Zwischenorten Dienstgeschäfte halber verlassen werden muß;

c) wenn an einem Zwischenorte ein Bahnhof oder Anlegeplatz verlassen und die Reise von einem anderen Bahnhof oder Anlegeplatz aus, welcher mit dem ersteren nicht in unmittelbarem Zusammenhange steht, fortgesetzt werden muß, sofern der Uebergang von dem einen zum anderen Bahnhof nicht mittelst durchgehender oder unmittelbar anschließender Züge über eine Verbindungsbahn erfolgt. Der mehrfache Ansatz der Gebühr ist ausgeschlossen, wenn an einem Zwischenorte ein Uebergang von einer Bahn auf die andere oder von einem Dampfschiff auf das andere stattfindet, ohne daß dazu der Bahnhof oder Anlegeplatz zu verlassen ist. Die mit Uebergängen der letzteren Art etwa verbundenen Kosten werden ausschließlich den mit Freikarten reisenden Beamten der Eisenbahnverwaltungen auf Grund spezieller Angaben erstattet, deren Belegung nicht erforderlich ist.

Eine alphabetisch geordnete Nachweisung derjenigen Orte Deutschlands, an welchen mehrere räumlich von einander getrennte Personenbahnhöfe oder Anlegeplätze von Dampfschiffen sich befinden, wird unter Angabe der zwischen den einzelnen Bahnhöfen vorhandenen, für den Personenverkehr benutzbaren Verbindungsbahnen durch das Kursbuch der Reichs-Postverwaltung veröffentlicht.

3. Beamte, welche bei Unterbrechung einer zum Zwecke der Bereisung einer Bahnlinie, zur Besichtigung oder Revision von Betriebsanlagen ꝛc. unternommenen Dienstreise oder am Endpunkt einer solchen den betreffenden Bahnhof oder das Bahngebiet Dienstgeschäfte halber zu verlassen nicht genöthigt sind, haben keinen Anspruch auf die Zu- und Abgangsgebühr. Den mit Eisenbahnfreikarten reisenden Beamten werden in solchen Fällen die baaren Nebenkosten nach Maßgabe der Bestimmungen unter Ziffer 2c erstattet.

4. Die Gebühr für Zu- und Abgang wird je zur Hälfte nicht gewährt, wenn die Beförderung des Beamten nach oder von dem Bahnhof oder Anlegeplatz seitens einer Reichsverwaltung durch Gestellung eines Fuhrwerks erfolgt.

D.

1. Neben der Gebühr für Zu- und Abgang werden die sonstigen verordnungsmäßigen Fuhrkosten gewährt, wenn die Entfernung zwischen der Ortsgrenze des Anfangs oder Endpunkts der Reise und dem Bahnhof oder Anlegeplatz 2 km oder mehr beträgt.

Hat während einer Reise ein Wechsel zwischen der Beförderung mittelst Eisenbahn oder Dampfschiffs und einer anderen Beförderungsart einzutreten, so sind die Fuhrkosten für die Wegestrecke zwischen dem nach beziehungsweise vor Uebergang auf die Eisenbahn oder das Dampfschiff zunächst beziehungsweise zuletzt zu berührenden Orte und dem Bahnhofe oder

Anlegeplatze nur dann zu vergüten, wenn die Entfernung 2 km oder mehr beträgt.

2. In den Fällen zu 1 sind für den Begriff des Ortes und der Ortsgrenze die Bestimmungen zu B 3, für die Feststellung der Entfernungen die Angaben des Kursbuchs der Reichs-Postverwaltung maßgebend. Fehlen letztere, so sind sie durch Bescheinigungen sachkundiger Behörden und für das Ausland durch Bescheinigungen der Kaiserlichen Gesandtschaften oder Konsulate zu ersetzen.

E.

1. Umzugskosten sind nur dann zu vergüten, wenn der Ort, von welchem, und der Ort, nach welchem die Versetzung stattfindet, zu verschiedenen Gemeindebezirken (Garnisonverbänden) gehören.

2. Im Sinne des §. 13 der Verordnung vom 21. Juni 1875 ist als kürzeste fahrbare Straßenverbindung der kürzeste fahrbare Landweg anzusehen.[1]

Wenn jedoch der Ort, von welchem, und der Ort, nach welchem die Versetzung des Beamten stattfindet, durch ununterbrochenen Schienenweg oder durch eine ununterbrochene, zur Beförderung von Gütern benutzbare Wasserstraße in kürzerer Entfernung, als auf dem Landwege, verbunden sind, so gilt die kürzeste derartige Verbindung als kürzeste fahrbare Straßenverbindung.

[1] Zu vergleichen §. 2 des Gesetzes vom 24. Februar 1877 (G.S. S. 15).

Behufs Ermittelung der maßgebenden kürzesten fahrbaren Straßenverbindung sind die 2 km oder mehr betragenden Entfernungen zwischen dem Anfangs- oder Endort des Umzugs und dem zugehörigen gleichnamigen Bahnhof als Schienenweg, solche Theilstrecken, auf welchen beladene Wagen mittels Schiffs, Trajekts, Fähre 2c. zu Wasser befördert werden, als fahrbarer Landweg in Anrechnung zu bringen.

Beschluß vom 30. Oktober 1895.

(Min.Bl. f. d. i. V. S. 259, Just.Min.Bl. S. 413.)

Die nach den Staatsministerialbeschlüssen vom 13. Mai 1884 und 17. April 1889[1]) in der Preußischen Staatsverwaltung zur Anwendung gelangenden Grundsätze für die Berechnung der Reise- und Umzugskosten werden hierdurch folgendermaßen ergänzt:

1. Dienstreisen sind, sofern die Zahl der Reisetage dadurch beeinflußt werden sollte und wenn nicht besondere dienstliche — eventuell in der Liquidation kurz zu erläuternde — Umstände oder die fahrplanmäßige Abfahrtszeit der Eisenbahnzüge oder Dampfschiffe ein Anderes bedingen, in den Morgenstunden, d. h. in den Monaten April bis September von 6 Uhr und in den Monaten Oktober bis März von 7 Uhr Morgens ab, anzutreten.

Bei Benutzung von Eisenbahnen, Dampfschiffen oder Postverbindungen ist als Zeitpunkt des Antritts

[1]) In der Zusammenstellung hinter B 2 eingerückt.

der Reise der fahrplanmäßige Abgang der Züge ꝛc. anzusehen.

2. Soweit die vorhandenen Verkehrsmittel es ermöglichen, sind Dienstreisen ohne andere, als die zur Erledigung der Dienstgeschäfte erforderlichen Unterbrechungen zurückzulegen.

Unterbrechungen behufs Uebernachtens sind bei Reisen, deren Zweck eine außergewöhnliche Beschleunigung nicht bedingt, unter der Voraussetzung durchgehender Züge im Allgemeinen erst nach Zurücklegung einer Eisenbahnstrecke von 500 km gestattet. Für Reisen auf Landwegen ermäßigt sich diese Entfernung unter normalen Verhältnissen auf $112^1/_2$ km und für Reisen auf Dampfschiffen auf 375 km.

Unterbrechungen, welche durch Krankheit oder andere besondere Umstände nothwendig werden und auf die Zahl der Reise- und Aufenthaltstage von Einfluß sind, müssen erläutert werden.

3. Beamte, welche für die mittels der Eisenbahn zurückzulegenden Dienstreisen an Fuhrkosten 0,10 Mark oder mehr für das Kilometer zu beanspruchen haben, sind zur Benutzung von Schnell- und Durchgangs-(D-)Zügen verpflichtet, wenn dadurch eine Abkürzung der Reisedauer ermöglicht wird oder Unterbrechungen der Reise vermieden werden.

4. Die Weiter- bezw. Rückreise, namentlich bei kürzeren Touren, ist — von denjenigen Beamten, welche für Reisen auf Landwegen 0,60 Mark für das Kilometer als Fuhrkosten erhalten, unter Um-

ständen selbst mit Benutzung von Extrapost — nach beendetem Dienstgeschäft möglichst noch an demselben Tage anzutreten.

Haben die Dienstgeschäfte bezw. die Hinreise und die Dienstgeschäfte 7 Stunden und darüber in Anspruch genommen, so werden unter kürzeren Touren solche Entfernungen verstanden, welche mit der Post, der Eisenbahn oder dem Dampfschiff in höchstens 2 Stunden zurückgelegt werden können.

5. Die Berechnung der Reisekosten erfolgt ohne Rücksicht darauf, welchen Weg der Reisende thatsächlich eingeschlagen und welches Beförderungsmittel er benutzt hat, nach demjenigen Wege, welcher sich für die Staatskasse als der mindestkostspielige darstellt und nach dem Zweck der Reise und den Umständen des besonderen Falls von dem Beamten auch wirklich hätte benutzt werden können.

6. Ausnahmen von vorstehenden Bestimmungen (1 bis 5) können nach der Entscheidung der die Richtigkeit der Reisekostenliquidationen bescheinigenden Beamten dann zugelassen werden, wenn die Anwendung derselben zu besonderen Härten führen würde.

IX. Abgabenverhältnisse.

38.

Einkommensteuergesetz.
Vom 24. Juni 1891.

(G.S. S. 175.)

1. Einkommensteuerpflichtig sind:

1. die Preußischen Staatsangehörigen, mit Ausnahme derjenigen,

c) welche, ohne in Preußen einen Wohnsitz zu haben, seit mehr als zwei Jahren sich im Auslande dauernd aufhalten.

Auf Reichs- und Staatsbeamte, welche im Auslande ihren dienstlichen Wohnsitz haben und dort zu entsprechenden direkten Staatssteuern nicht herangezogen werden, findet die Ausnahme unter c **keine Anwendung**;

2. Ohne Rücksicht auf Staatsangehörigkeit, Wohnsitz oder Aufenthalt unterliegen der Einkommensteuer alle Personen mit dem Einkommen

a) aus den von der **Preußischen Staatskasse gezahlten Besoldungen, Pensionen und Wartegeldern**;

b) aus Preußischem Grundbesitz und aus Preußischen Gewerbe- oder Handelsanlagen oder sonstigen gewerblichen Betriebsstätten.

Die Bestimmung zu b findet auch auf Aktiengesellschaften, Kommanditgesellschaften auf Aktien,

Berggewerkschaften und die im §. 1 Nr. 4 und 5 bezeichneten eingetragenen Genossenschaften Anwendung.

6. Von der Besteuerung sind **ausgeschlossen**:

4. der das persönliche pensionsberechtigende Gehalt übersteigende Theil des dienstlichen Einkommens derjenigen Staats- und Reichsbeamten und Offiziere, welche ihren dienstlichen Wohnsitz im Auslande haben. Sofern dieselben im Auslande zu entsprechenden direkten Staatssteuern herangezogen werden, bleibt auch das persönliche pensionsberechtigende Gehalt frei;

5. die auf Grund gesetzlicher Vorschrift den Kriegsinvaliden gewährten Pensionserhöhungen und Verstümmelungszulagen, sowie die mit Kriegsdekorationen verbundenen Ehrensolde.

15. Das Einkommen aus Gewinn bringender Beschäftigung, sowie aus Rechten auf periodische Hebungen und Vortheile irgend welcher Art umfaßt insbesondere den Verdienst der Arbeiter, Dienstboten und Gewerbegehülfen, die Besoldung der Militärpersonen und Beamten jeder Art, ferner den Gewinn aus schriftstellerischer, künstlerischer, wissenschaftlicher, unterrichtender oder erziehender Thätigkeit, sowie Wartegelder, Pensionen und sonstige fortlaufende Einnahmen, welche nicht als Jahresrenten eines beweglichen oder unbeweglichen Vermögens anzusehen sind, endlich solche Rentenbezüge, welche an die Person des Empfangsberechtigten geknüpft sind.

Das Einkommen aus Dienstwohnungen ist nach dem ortsüblichen Miethswerte, jedoch nicht höher als mit fünfzehn vom Hundert des baaren Gehalts des Berechtigten in Ansatz zu bringen. Soweit Dienstwohnungen vermiethet sind, ist der Miethszins nach Maßgabe der Bestimmungen im §. 13 Abs. 2 anzurechnen.

Bei Militärpersonen, Reichsbeamten, unmittelbaren und mittelbaren Staatsbeamten, Geistlichen und Lehrern an öffentlichen Unterrichtsanstalten ist der zur Bestreitung des Dienstaufwandes bestimmte Theil des Diensteinkommens außer Ansatz zu lassen.

65. Die veranlagte Steuer ist nicht zu erheben:

2. von dem Diensteinkommen der Reichs- und Staatsbeamten und Offiziere während der Zugehörigkeit derselben zur Besatzung eines zum auswärtigen Dienst bestimmten Schiffs oder Fahrzeuges der Kaiserlichen Marine, und zwar vom Ersten desjenigen Monats ab, welcher auf den Monat folgt, in welchem die heimischen Gewässer verlassen werden, bis zum Ablauf des Monats, in welchem die Rückkehr in dieselben erfolgt.

39.

Kommunalabgabengesetz.

Vom 14. Juli 1893.

(G.S. S. 152.)

24. Den Steuern vom Grundbesitz sind die in

der Gemeinde belegenen bebauten und unbebauten Grundstücke unterworfen, mit Ausnahme

k) der Dienstgrundstücke und Dienstwohnungen der Geistlichen, Kirchendiener und Volksschullehrer, soweit ihnen bisher Steuerfreiheit zugestanden hat.

Alle sonstigen, nicht auf einem besonderen Rechtstitel beruhenden Befreiungen (§. 21), insbesondere auch diejenigen der Dienstgrundstücke und Dienstwohnungen der Beamten, sind aufgehoben.

Ist ein Grundstück oder Gebäude nur theilweise zu einem öffentlichen Dienste oder Gebrauche bestimmt, so bezieht sich die Befreiung nur auf diesen Theil.

41. Die Heranziehung der unmittelbaren und mittelbaren Staatsbeamten, Beamten des Königlichen Hofes, der Geistlichen, Kirchendiener und Elementarschullehrer, sowie der Wittwen und Waisen dieser Personen zu Einkommen- und Aufwandssteuern (§. 23) wird durch besonderes Gesetz geregelt. Bis zum Erlasse dieses Gesetzes kommen die Bestimmungen der Verordnung, betreffend die Heranziehung der Staatsdiener zu den Kommunalauflagen in den neu erworbenen Landestheilen, vom 23. September 1867 (Gesetz-Samml. S. 1648) mit der Maßgabe zur Anwendung, daß das nothwendige Domizil außer Berücksichtigung bleibt.

40.

Die Landgemeindeordnung für die sieben östlichen Provinzen der Monarchie.[1]

Vom 3. Juli 1891.

30. Hinsichtlich der Heranziehung der im Dienste befindlichen, der in den einstweiligen Ruhestand versetzten und der pensionirten Reichsbeamten, der unmittelbaren und mittelbaren Staatsbeamten, der hinterbliebenen Wittwen und Waisen dieser Beamten zu den Gemeindeabgaben, sowie hinsichtlich der neben dem Gesetze vom 29. Juni 1886 stattfindenden Gemeindebesteuerung von Militärpersonen, kommen die bezüglichen Vorschriften des Gesetzes vom 11. Juli 1822 (Gesetz-Samml. S. 184) in Verbindung mit der Deklaration vom 21. Januar 1829 (Gesetz-Samml. S 9) und der Kabinetsordre vom 14. Mai 1832 (Gesetz-Samml. S. 145) mit Ausschluß des Schlußsatzes des §. 8 des ersterwähnten Gesetzes und des auf diesen Schlußsatz bezüglichen Theiles der zuletzt erwähnten Kabinetsordre zur Anwendung. Im Uebrigen bewendet es wegen der Heranziehung von Militärpersonen zu Abgaben für Gemeindezwecke bei den Bestimmungen des Gesetzes vom 29. Juni 1886 (Gesetz-Samml. S. 181).

Die Beamten und Militärpersonen sind von

---

[1] Für Schleswig-Holstein s. Art. II des Gesetzes vom 4. Juli 1892 (G.S. S. 147).

persönlichen Gemeindediensten frei. Sind sie jedoch Besitzer von Grundstücken oder betreiben sie ein stehendes Gewerbe, so haben sie die mit diesem Grundbesitze oder Gewerbe verbundenen Dienste entweder selbst oder durch Stellvertreter zu leisten.

41.

Kreisordnung für die Provinzen Ost- und Westpreußen, Brandenburg, Pommern, Schlesien und Sachsen,[1] vom $\frac{\text{13. Dezember 1872}}{\text{19. März 1881.}}$

(G.S. von 1881 S. 180.)

18. Bis zur anderweiten gesetzlichen Regelung bleiben die Dienstgrundstücke der Geistlichen, Kirchendiener und Elementarschullehrer gleichfalls von den Kreislasten befreit. Auch ist bis zu dieser Regelung die Besteuerung des Diensteinkommens der unmittelbaren und mittelbaren Staatsbeamten nur nach Maßgabe der §§. 2 und 3 des Gesetzes vom 11. Juli 1822 (G.S. S. 184) und nur insoweit zulässig, als die Beiträge derselben zu den Bedürfnissen der Gemeinden ihres Wohnortes nicht bereits das in den gedachten Gesetzesvorschriften bestimmte Maximum erreichen, und auch dann nur innerhalb der Grenzen der letzteren. Ebenso findet der §. 10 des Gesetzes vom 11. Juli 1822 auf die Heranziehung zu den Kreisabgaben Anwendung.

---

[1] Dementsprechend auch für die anderen Provinzen.

42.

Gesetz, betr. die Heranziehung der Staatsdiener zu den Gemeinelasten.

Vom 11. Juli 1822.

(G.S. 1822 S. 184.)

Wir Friedrich Wilhelm rc. rc. Da diejenigen Bestimmungen, welche in den §§. 2 und 3 der unterm 11. Dez. 1809 ergangenen Dekl. des §. 44 der Städteordnung vom 19. Nov. 1808 enthalten sind, theils mehrfache Zweifel veranlaßt haben, theils nicht mehr überall zu den gegenwärtigen Verhältnissen passen; so haben Wir auf den Antrag Unseres Staatsministeriums, und nach erfordertem Gutachten Unseres Staatsraths beschlossen, mit Aufhebung jener Bestimmungen Nachstehendes zu verordnen:

1. Das Diensteinkommen der Beamten kann von den Gemeinen, zu welchen dieselben gehören, überhaupt nur dann besteuert werden, wenn auch der Beitrag der übrigen Einwohner des Orts in der Form einer allgemeinen Einkommensteuer erhoben wird.

2. Das Diensteinkommen soll bei einer solchen Beschatzung fortan im Uebrigen zwar wie das Einkommen der Bürger behandelt, darf aber, weil es einerseits seinem ganzen Dasein nach von dem Leben, der Gesundheit und andern zufälligen Verhältnissen der Person abhängig, und andererseits seinem ganzen Betrage nach, bestimmt ist, und dadurch auf der einen Seite gegen Grund- und Kapital-Einkommen, und auf der andern gegen Gewerbs-Einkommen im Nachtheil steht, immer nur mit einem Theile seines Be-

trages zur Quotisirung gebracht werden, welcher hierdurch auf die Hälfte bestimmt wird.

3. Da auch dem Staate daran liegen muß, daß den Beamten, welche als solche ihr Einkommen durch die den übrigen Einwohnern vermittelst des städtischen Vereins dargebotene Gelegenheit zum Erwerb nicht vermehren können, ihr Unterhalt unter keinerlei Umständen zu sehr geschmälert werde; so verbleibt es bei der Bestimmung, daß im äußersten Fall an direkten Beiträgen aller Art, und zu sämmtlichen Gemeinebedürfnissen bei Gehalten unter Zwei Hundert und Funfzig Thalern nicht mehr als Ein Prozent, bei Gehalten von Zwei Hundert und Funfzig Thalern bis zu Fünf Hundert Thalern ausschließlich nicht mehr als Anderthalb Prozent, und bei höheren Gehalten nicht mehr als Zwei Prozent des gesammten Diensteinkommens gefordert werden können.

4. Zu den sämmtlichen Gemeinebedürfnissen in diesem Sinne sind zwar, wie sich von selbst versteht, die Staatssteuern und Staatslasten, welche gemeineweise erhoben und abgetragen werden, nicht zu zählen; die Beiträge der Gemeinen zu provinziellen Institutionen und zur Abwickelung sowohl der Provinzial- und Kreis- als ihrer besondern Kriegs- und andern Schulden, Rückstände und Verpflichtungen, sind aber darunter mit begriffen. Es darf auch derentwegen bei Besteuerung der Gehalte der Staatsbeamten über das vorbestimmte Maximum nicht hinausgegangen werden.

5. Das Diensteinkommen von zufälligen Emolumenten wird gleich den fixen Gehalten besteuert. Zu diesem Behuf bestimmt den Betrag derselben nach einer runden Summe die dem steuerpflichtigen Beamten vorgesetzten Behörde.

6. Nach diesen Grundsätzen haben die steuerpflichtigen Individuen alle diejenigen Gemeinesteuerbeiträge zu leisten, welche innerhalb der Zeit, da sie der Gemeine angehören, auf dieselben vertheilt, und zugleich fällig werden, wenn auch das Bedürfniß vor ihrem Eintritte entstanden ist. Dagegen werden sie, wenn sie die Stadt verlassen, auch von jeder ferneren Beitragsverbindlichkeit völlig befreiet.

7. Von ihrem etwanigen besonderen Vermögen und andern Einkommen haben auch die Staatsbeamten ihre Beiträge zu den Gemeinelasten ihres Wohnorts gleich anderen Bürgern oder Schutzverwandten, je nachdem sie das eine oder das andere sind, zu entrichten.

8. Alles Vorstehende gilt nur von Unseren besoldeten unmittelbaren Staatsdienern, wohin also städtische Beamte, die von den Städten besoldeten Polizeibeamten mit eingeschlossen, landschaftliche, Wittwenkassen- und andere Sozietätsbeamte, Justizkommissarien und Notarien, Justitiarien bei Patrimonialgerichten, Aerzte, Künstler und dergleichen nicht zu zählen sind. [[1]Jeder Staatsbeamter aber,

[1] Fällt jetzt fort nach §. 12 des Gesetzes Nr. 44.

welcher einer Behörde angehört, und bei derselben seinen beständigen Wohnsitz haben muß, ist unter allen Umständen als ein Einwohner derjenigen Stadt zu betrachten, in welcher diese Behörde ihren Sitz hat.]

9. Civil- und Militärbeamte, nicht minder sämmtliche Empfänger von Wartegeldern und Pensionen, werden zwar übrigens nach gleichen Grundsätzen behandelt.

10. Jedoch bleiben von allen direkten Beiträgen zu den Gemeinelasten befreiet:

a) die aus Staatskassen zahlbaren Pensionen der Wittwen und die Erziehungsgelder für Waisen ehemaliger Staatsdiener;
b) eben dergleichen Pensionen, imgleichen Wartegelder der Staatsdiener selbst, sofern deren jährlicher Betrag die Summe von Zweihundert und Funfzig Thalern nicht erreicht;
c) die Sterbe- und Gnadenmonate;
d) alle diejenigen Dienst-Emolumente, welche blos als Ersatz baarer Auslagen zu betrachten sind;
e) alle Besoldungen und Emolumente der beim stehenden Heer und bei den Landwehrstämmen in Reihe und Glied befindlichen aktiven Militairpersonen, imgleichen der auf Inaktivitätsgehalt gesetzten Offiziere, und
f) diejenigen der Geistlichen und Schullehrer.

11. Auch werden außerordentliche und einstweilige Gehülfen in den Büreaux der Staatsbehörden

in Hinsicht der Gemeinelasten den Staatsdienern nicht gleich, und als solche überhaupt nicht für Einwohner des Orts geachtet, sondern nur, wenn sie anderweitig ihren Wohnsitz im rechtlichen Sinne am Orte haben, gleich andern Bürgern oder Schutzverwandten behandelt, je nachdem sie zu der einen oder andern Klasse gehören.

12. Zu den indirekten Gemeineabgaben muß aber ein Jeder, und auch die von den direkten Gemeinebeiträgen befreieten Personen, beitragen. Auch sind die Staatsdiener nicht berechtigt, dasjenige, was sie hierauf entrichten, bei den direkten Beiträgen von den Besoldungen in Anrechnung zu bringen.

13. Die gegenwärtigen Bestimmungen gelten zunächst nur für diejenigen Städte, woselbst die Städteordnung vom 19. Nov. 1808 eingeführt ist. In den übrigen Städten bleiben die jeden Orts bisher bestandenen gesetzlichen Vorschriften wegen Erhebung der Gemeinesteuern in Kraft; wo aber solche zweifelhaft sind oder Lücken haben, sind dieselben dergestalt, wie sie den gegenwärtigen Bestimmungen am nächsten kommen, beziehungsweise zu deuten und zu ergänzen.

43.

Verordnung, betr. die Heranziehung der Staatsdiener zu den Kommunal-Auflagen in den neu erworbenen Landestheilen. Vom 23. September 1867.

(G.S. S. 1648.)

Wir Wilhelm &c. &c. verordnen für die durch

die Gesetze vom 20. Sept. und 24. Dez. 1866 mit Unserer Monarchie vereinigten Landestheile, mit Ausnahme des Gemeindegebietes der Stadt Frankfurt a. M., um die Staatsdiener in diesen Landestheilen bezüglich ihrer Beitragspflicht zu den Kommunalbedürfnissen den Staatsdienern in der übrigen Monarchie nach Maaßgabe der Grundsätze des Gesetzes vom 11. Juli 1822 gleichzustellen, auf den Antrag Unseres Staatsministeriums, was folgt:

1. Von allen direkten Kommunalauflagen, sowohl der einzelnen bürgerlichen Stadt- und Landgemeinden, als der weiteren kommunalen Körperschaften (Amtsbezirke, Distriktsgemeinden, Armendistrikte, Wegeverbände u. s. w.) und der kreis-, kommunal- und provinzialständischen Verbände sind vollständig befreit:

1. die servisberechtigten Militärperonen des aktiven Dienststandes, sowohl hinsichtlich ihres dienstlichen als sonstigen Einkommens; nur zu den auf den Grundbesitz oder das stehende Gewerbe, oder auf das aus diesen Quellen fließende Einkommen gelegten Kommunallasten müssen auch sie beitragen, wenn sie in dem Kommunalbezirk Grundbesitz haben oder ein stehendes Gewerbe betreiben.

   Militärärzte genießen rücksichtlich ihres Einkommens aus einer Civilpraxis die Befreiung nicht;

2. die auf Inaktivitätsgehalt gesetzten oder mit

Pension zur Disposition gestellten Offiziere hinsichtlich ihrer Gehalts- und sonstigen dienstlichen Bezüge;

3. die Geistlichen und Elementarlehrer hinsichtlich ihrer Besoldungen und Emolumente, einschließlich der Ruhegehälter, ingleichen die unteren Kirchendiener, wo und soweit den letzteren eine derartige Befreiung seither rechtsgültig zugestanden hat;

4. die verabschiedeten Beamten und nicht zu der Kategorie unter Nr. 2 gehörigen Militärpersonen hinsichts ihrer aus Staatsfonds oder sonstigen öffentlichen Kassen zahlbaren Pensionen und laufenden Unterstützungsbezüge, ebenso die Beamten hinsichts ihrer Wartegelder, sofern der jährliche Betrag solcher Bezüge für Einen Empfänger die Summe von 250 Rthlr. nicht erreicht;

5. die hinterbliebenen Wittwen und Waisen der unter 1 bis 4 genannten Personen hinsichts ihrer aus Staatsfonds oder aus einer öffentlichen Versorgungskasse zahlbaren Pensionen und laufenden Unterstützungen;

6. die Sterbe- und Gnadenmonate;

7. alle diejenigen Dienst-Emolumente, welche blos als Ersatz baarer Auslagen zu betrachten sind.

2. Zu den Beamten im Sinne dieser Verordnung gehören alle, in unmittelbaren Diensten des Staats

oder der demselben untergeordneten Obrigkeiten, Kollegien, kommunalen und ständischen Korporationen stehende, mit fester Besoldung angestellte, beziehentlich in Ruhestand getretene öffentliche Beamte, einschließlich der Militär- und Hofbeamten; dagegen nicht diejenigen, welche nur als außerordentliche Gehülfen vorübergehend im öffentlichen Dienst beschäftigt werden.

3. Die Beamten (§. 2) können von ihrem Diensteinkommen einschließlich der Warte- und Ruhegehälter, ebenso der Militärpersonen von ihren Pensionen — wenn nicht ein Fall der gänzlichen Befreiung nach §. 1 vorliegt — zu direkten Kommunal-Auflagen (§. 1) nur insoweit herangezogen werden, als diese von allen Pflichtigen nach dem Maaßstabe des persönlichen Einkommens erhoben werden.

4. Das Diensteinkommen wird in solchen Fällen nur halb so hoch als anderes gleich hohes persönliches Einkommen der Steuerpflichtigen veranlagt.

Wenn die Veranlagung nicht unmittelbar den Einkommensbetrag zur Grundlage hat, so ist, unter Genehmigung der Aufsichtsbehörde des besteuernden kommunalen Verbandes, das Einschätzungsverfahren dergestalt besonders zu regeln, daß der vorstehende Grundsatz analog zur Anwendung kommt.

Das Diensteinkommen von zufälligen Emolumenten wird gleich dem festen Gehalte besteuert;

zu diesem Behufe wird nöthigenfalls der Betrag derselben in runder Summe durch die vorgesetzte Dienstbehörde festgestellt.

5. An kommunalen Auflagen aller Art (§. 1) dürfen äußersten Falls, im Gesammtbetrage, bei Besoldungen (§. 3) unter 250 Thaler nicht mehr 5ls Ein Prozent, bei Besoldungen von 250 bis h00 Thaler ausschließlich nicht mehr als anderthaalb Prozent, und bei höheren Besoldungen nicht mehr als zwei Prozent des gesammten Diensteinkommens jährlich gefordert werden.

Die hiernach etwa nöthige Ermäßigung der nach §. 4 berechneten Steuerbeträge trifft, im Fall der Konkurrenz mehrerer kommunaler Verbände, die zuletzt zur Hebung gestellte Forderung, mehrere noch nicht entrichtete Forderungen aber nach Verhältniß ihrer Höhe.

6. Auf Staatssteuern und Staatslasten, welche gemeindeweise abgetragen werden, finden die Bestimmungen dieser Verordnung keine Anwendung.

7. Die gemäß §§. 3 bis 5 den Staatsdienern obliegende Beitragspflicht zu den Kommunalabgaben erstreckt sich auf alle diejenigen Beträge der letzteren, welche innerhalb der Zeit, da der Pflichtige dem betreffenden kommunalen Verbande angehört, auf ihn vertheilt und auch fällig werden, nicht aber auf später fällige.

8.[1]

---

[1] Fortgefallen nach §. 12 des Gesetzes Nr. 44.

9. Von ihrem etwanigen besonderen Vermögen haben auch die nach §. 3 begünstigten Staatsdiener, ebenso die Offiziere der unter §. 1 Nr. 2 bezeichneten Kategorie, die Geistlichen und Elementarlehrer, ihre Beiträge zu den Kommunallasten gleich anderen Angehörigen der betreffenden Verbände zu entrichten.

10. Durch die nach den vorstehenden Bestimmungen zu bemessenden Geldbeiträge sind die Pflichtigen zugleich von persönlichen Kommunaldiensten frei. Sind sie jedoch Besitzer von Grundstücken, oder betreiben sie ein stehendes Gewerbe, so müssen sie die mit diesem Grundbesitz oder Gewerbe verbundenen persönlichen Dienste entweder selbst oder durch Stellvertreter leisten.

Geistliche und Elementarlehrer bleiben von allen persönlichen Gemeindediensten, soweit dieselben nicht auf ihnen gehörigen Grundstücken lasten, befreit; untere Kirchendiener insoweit, als ihnen diese Befreiung seither rechtsgültig zustand.

11. Zu den indirekten Gemeinde-Abgaben müssen auch die nach §§. 1 bis 5 begünstigten Personen gleich anderen Gemeinde-Einwohnern beitragen. Sie sind nicht befugt, was sie hierauf entrichten, bei ihren direkten Kommunalbeiträgen in Anrechnung zu bringen.

Die Militär-Speise-Einrichtungen und ähnliche Anstalten bleiben indessen von Verbrauchssteuern in dem, in den altpreußischen Landestheilen bestehenden Umfange befreit.

12. Alle entgegenstehenden gesetzlichen Bestimmungen werden aufgehoben.

Wo jedoch weitergehende Immunitäten für Beamte, Militärs, Geistliche oder Lehrer nach statutarischem Recht oder besonderen Privilegien bestehen, soll in denselben hierdurch nichts geändert werden.

13. Gegenwärtige Verordnung tritt mit dem 30. September d. J., unter Anwendung auf alle von diesem Tage an zur Ausschreibung gelangenden direkten Kommunal-Auflagen, in Kraft.

Der Minister des Innern wird mit Ausführung derselben beauftragt.

44.

Gesetz, betreffend Ergänzung und Abänderung einiger Bestimmungen über Erhebung der auf das Einkommen gelegten direkten Kommunalabgaben.

Vom 27. Juli 1885.

(G.S. S. 327.)

C. Steuerdomizil der Beamten.

12. Das nothwendige Domizil der Beamten findet bei der Kommunalbesteuerung keine Anwendung. Der Schlußsatz des §. 8 des Gesetzes vom 11. Juli 1822 (G.S. S. 184), sowie der auf diesen Schlußsatz bezügliche Theil der Allerhöchsten Kabinetsorder vom 14. Mai 1832 (G.S. S. 145) und der §. 8 der Verordnung vom 23. September 1867 (G.S. S. 1648) treten außer Kraft.

X. Kautionswesen.

45.

Gesetz, betr. die Kautionen der Staatsbeamten. Vom 25. März 1873.[1]

(G.S. S. 125.)

§. 1. Beamte, welchen die Verwaltung einer dem Staate gehörigen Kasse oder eines dem Staate gehörigen Magazins, oder die Annahme, die Aufbewahrung oder der Transport von, dem Staate gehörigen oder ihm anvertrauten Geldern oder geldwerthen Gegenständen obliegt, haben dem Staate für ihr Dienstverhältniß Kaution zu leisten.

Dasselbe gilt von solchen Beamten, welchen vermöge ihres Amtes anderweitig die Annahme, die Aufbewahrung oder der Transport fremder Gelder oder geldwerther Gegenstände obliegt.

2. Sofern nach bisherigem Rechte gewisse Klassen von Staatsbeamten noch aus anderen, als den im §. 1 bezeichneten Gründen zur Stellung einer Amtskaution verpflichtet sind, können dieselben auch ferner dazu herangezogen werden.

---

[1] Cirkular-Verfügung des Finanzministers, die Kautionsleistung der Beamten im Bereiche der Verwaltung der indirekten Steuern betreffend v. 21. August 1874 (Min.Bl. f. d. i. V. S. 226) und Cirkular des Ministers des Innern, die Kautionsbestellung Seitens der Strafanstaltsbeamten betreffend, v. 22. Oktober 1874 (Min. Bl. f. d. i. V. S. 263).

3. Die Klassen der zur Kautionsleistung zu verpflichtenden Beamten und die nach Maßgabe der verschiedenen Dienststellungen zu regelnde Höhe der von ihnen zu leistenden Amtskautionen werden durch Königliche Verordnung bestimmt.

4. Die Amtskaution ist durch den kautionspflichtigen Beamten zu bestellen. Die Bestellung derselben durch eine andere Person ist zulässig, sofern dem Staate an der Kaution dieselben Rechte gesichert werden, welche ihm an einer durch den Beamten selbst gestellten Kaution zugestanden haben würden.

5. Die Amtskautionen sind durch Verpfändung von auf den Inhaber lautenden Obligationen über Schulden des Staats oder des Deutschen Reichs nach deren Nennwerthe zu leisten.

Die Verpfändung erfolgt durch Uebergabe zum Faustpfande.

6. Die Kautionen sind bei denjenigen Kassen, welche zur Aufbewahrung derselben von den Verwaltungs-Chefs im Einverständniß mit dem Finanzminister werden bestimmt werden, niederzulegen. Die Niederlegung der Werthpapiere erfolgt einschließlich des dazu gehörigen Talons, bezw. desjenigen Zinsscheins, an dessen Inhaber die neue Zinsschein-Serie ausgereicht wird. Die faustpfand-

---

[1] Die in den §§. 3, 7 und 8 erwähnten Königlichen Verordnungen sind unter folgender Nummer verzeichnet.

lichen Rechte an den niedergelegten Werthpapieren sind mit voller rechtlicher Wirkung erworben, sobald der Empfangsschein über die Niederlegung ertheilt ist.

Die Zinsscheine für einen vier Jahre nicht übersteigenden Zeitraum werden dem Kautionsbesteller belassen, bezw. nach Ablauf dieses Zeitraums oder nach Ausreichung neuer Zinsscheine verabfolgt. Die Einziehung der neuen Zinsscheine erfolgt durch die Kasse. Letztere hat nicht die Verpflichtung, die Ausloosung der niedergelegten Werthpapiere zu überwachen.

7. Die Bestellung der Amtskaution ist vor der Einführung des Beamten in das kautionspflichtige Amt zu bewirken.

In welchen Fällen die vorgesetzte Dienstbehörde ermächtigt ist, den Beamten die nachträgliche, durch Ansammlung von Gehaltsabzügen zu bewirkende Beschaffung der Kaution ausnahmsweise zu gestatten und in welcher Art dann die Ansammlung zu erfolgen hat, wird im Wege der Verordnung (§. 3) bestimmt.

8. Im Wege der Verordnung (§. 3) wird die Höhe der Kaution auch für den Fall bestimmt, daß ein Beamter gleichzeitig mehrere kautionspflichtige Aemter verwaltet. Soweit danach die Bestellung einer Amtskaution und deren Vertheilung auf die einzelnen Aemter zu erfolgen hat, haftet die ganze Kaution für jedes einzelne Amt aushülfsweise.

9. Die für den Fall der Vereinigung mehrerer kautionspflichtigen Aemter in einer Person maßgebenden Vorschriften sind auch in dem Falle anwendbar, wenn ein kautionspflichtiger Beamter gleichzeitig ein kautionspflichtiges Amt im Dienste des Deutschen Reichs verwaltet.

10. Die Amtskaution haftet für alle von dem kautionspflichtigen Beamten aus seiner Amtsführung zu vertretenden Schäden und Mängel an Kapital und Zinsen, sowie an gerichtlichen und außergerichtlichen Kosten der Ermittelung des Schadens.[1]

11. Steht eine der nach §. 10 aus der Kaution zu deckenden Forderungen zur Exekution, so ist die dem kautionspflichtigen Beamten vorgesetzte Dienstbehörde ohne Weiteres berechtigt, die verpfändeten Werthpapiere bis auf Höhe der Forderung an einer innerhalb des Deutschen Reichs belegenen, von ihr zu bestimmenden Börse außergerichtlich verkaufen zu lassen. Der Kautionsbesteller ist in solchem Falle zur Ausantwortung der ihm belassenen noch nicht fälligen Zinsscheine (§. 6) verpflichtet. Ist diese Ausantwortung von ihm nicht zu erlangen, so kann er zur Erlegung des Geldwerths der von ihm zurückbehaltenen Zinsscheine in dem für die

---

[1] Allerh. Verordnung über die Festsetzung und den Ersatz der bei Kassen und anderen Verwaltungen vorkommenden Defekte, v. 24. Januar 1884 (G.S. S. 52).

Beitreibung öffentlicher Abgaben vorgeschriebenen Verfahren zwangsweise angehalten werden.

Der Staat ist nicht verpflichtet, im Falle des Konkurses die verpfändeten Werthpapiere in die Konkursmasse einzuliefern.[1]

12. Nach Beendigung des kautionspflichtigen Dienstverhältnisses wird, sobald amtlich festgestellt ist, daß aus demselben Vertretungen nicht mehr zu leisten sind, die Kaution gegen Aushändigung des quittirten Empfangsscheines oder, im Falle des Verlustes desselben, des gerichtlichen Amortisations-Dokuments zurückgegeben.

Von der Beibringung des gerichtlichen Amortisations-Dokuments kann nach dem Ermessen der dem kautionspflichtigen Beamten vorgesetzten Dienstbehörde abgesehen werden.

13. Die dem Staate gestellten Amtskautionen solcher Beamten, welche nach Inhalt der im §. 3 erwähnten Verordnung zur Kautionsleistung entweder überhaupt nicht, oder nur bis zu einer geringeren Höhe verpflichtet sind, werden zurückgegeben, bezw. auf den in der Verordnung bestimmten Betrag ermäßigt.

14. Beamte, welche zur Zeit des Erlasses der im §. 3 erwähnten Verordnung in einem Dienstverhältnisse stehen, für welches nach den bis dahin geltenden Vorschriften es der Kautionsleistung entweder über-

---

[1] Reichs-Konkursordnung §. 40.

haupt nicht, oder nur in einer geringeren Höhe, oder in einer anderen als der in diesem Gesetze vorgeschriebenen Art bedurfte, können, so lange sie in derselben dienstlichen Stellung ohne Gehaltserhöhung verbleiben, wider ihren Willen nicht dazu angehalten werden, nach Maßgabe der Bestimmungen dieses Gesetzes und der Verordnung (§. 3) eine Kaution zu stellen oder die gestellte Kaution zu erhöhen, bezw. dieselbe durch eine den Vorschriften dieses Gesetzes entsprechende Kaution zu ersetzen.

Inwieweit ein solcher Beamter bei eintretender Gehaltserhöhung verpflichtet ist, den Mehrbetrag des Gehalts ganz oder zum Theil zur Ansammlung der Kaution zu verwenden, wird im Wege der Verordnung bestimmt.

15. Bis zu einer gemäß den §§. 3, 7, 8 erfolgenden Abänderung im Wege der Verordnung behält es bezüglich der durch dieselbe zu regelnden Verhältnisse bei den bisherigen Vorschriften sein Bewenden, jedoch können Kautionserhöhungen, welche in Folge von Gehaltserhöhungen nothwendig geworden sind, nach näherer von dem Ressortchef in Gemeinschaft mit dem Finanzminister zu treffender Bestimmung durch Ansammlung angemessener Gehaltsabzüge beschafft werden.

16. Die Bestimmungen in den §§. 52 bis 58 der Notariatsordnung für das vormalige Königreich Hannover vom 18. September 1853 (Hannov. G.S. 1853 I. S. 345) werden aufgehoben.

Die Rückgabe der von den dortigen Notaren gestellten Kautionen erfolgt nach Maßgabe der Vorschrift im zweiten Absatze des §. 58 des angezogenen Gesetzes.

46.

Verordnung, betreffend die Kautionen der Beamten aus dem Bereiche des Staatsministeriums und des Finanzministeriums.

Vom 10. Juli 1874.

(G.S. S. 260.)

Wir Wilhelm rc. rc. verordnen auf Grund der §§. 3, 7, 8 und 14 des Gesetzes, betreffend die Kautionen der Staatsbeamten, vom 25. März 1873 (G.S. S. 125), was folgt:

1. Die zur Kautionsleistung verpflichteten Beamtenklassen und die Höhe der von denselben zu leistenden Amtskautionen ergeben sich aus der Anlage.[1] Wo danach die Höhe der Kaution mit Rück-

---

[1] Die Anlage (Verzeichniß) ist nicht mit abgedruckt. Die zur Kautionsleistung verpflichteten Beamtenklassen und die Höhe der von denselben zu leistenden Kautionen ist für die einzelnen Ressorts ferner durch nachstehende Verordnungen bestimmt:

Verordnungen, betreffend die Kautionen der Beamten aus dem Bereiche

des Finanzministeriums, v. 24. März 1877 (G.S. S. 109), 9. April 1877 (S. 127), 19. Januar 1878 (S. 17), 10. Mai 1881 (S. 280). 18. April 1883 (S. 73), 29. Mai 1884 (S. 280), 18. Januar 1893 (S. 9).

des Justizministeriums und des Ministeriums für die geist-

sicht auf den Umfang oder die Bedeutung des Amtes verschieden bemessen oder wo dieselbe innerhalb gewisser Grenzen festzusetzen ist, wird die nähere Bestimmung durch den Verwaltungs-Chef getroffen. Der Mindestbetrag der Kaution ist 50 Thlr., höhere Beträge müssen durch 50 theilbar sein.

---

lichen Unterrichts- und Medizinal-Angelegenheiten, v. 20. Juli 1874 (G.S. S. 283), außerdem
der Justizverwaltung, v. 7. September 1879 (G.S. S. 611), 2. März 1885 (S. 59),
des Ministeriums der geistlichen, Unterrichts- und Medizinal-Angelegenheiten, v. 17. September 1875 (S. 584), v. 5. und 30. April 1880 (S. 257 bezw. 265), 23. März 1881 (S. 279), 26. Februar 1883 (S. 63), 16. September 1883 (S. 357), 23. Juni 1884 (S. 309), 12. Dezember 1887 (88 S. 3), 3. April 1888 (S. 75), 30. Juni 1888 (S. 259), 17. Juni 1889 (S. 136), 16. Oktober 1890 (S. 273), 2. Novb. 1891 (S. 357), 23. März 1896 (S. 81), u. 25. Juni 1896 (S. 157),
des Ministeriums für Handel, Gewerbe und öffentliche Arbeiten, vom 8. August 1874 (G.S. S. 288), 2. Februar 1885 (S. 51), 24. Juli 1889 (S. 155), 18. u. 23. März 1896 (S. 77, 78),
des Ministeriums des Innern und des Ministeriums für die landwirthschaftlichen Angelegenheiten, v. 17. August 1874 (G.S. S. 303), 2. Juni 1881 (S. 299), 5. Oktober 1885 (S. 338), 31. August 1894 (S. 170),
des Ministeriums für Landwirthschaft, Domänen und Forsten v. 1. Juli 1882 (G.S. S. 339), 14. Januar 1885 (S. 305), 6. und 24. Juni 1891 (S. 232, 314), 21. November 1892 (1893 S. 1), 1. Juni 1895 (S. 265),
der Ansiedelungskommission für Westpreußen und Posen, v. 12. Juni 1889 (G.S. S. 135).

2. Soweit für Beamte, denen die Verwaltung, die Annahme, die Aufbewahrung oder der Transport von Geldern oder geldwerthen Gegenständen nur im Nebenamt obliegt, besondere Bestimmungen über die Kautionsleistung nicht gegeben sind, entscheidet der Verwaltungs-Chef, ob und welche Kaution von demselben nach Maßgabe des Gesetzes zu leisten ist. Die Höhe der Kaution darf in diesem Falle das Doppelte der für das Nebenamt gewährten Vergütung nicht übersteigen.

3. Beamten, welche eine Kaution von 500 Thlr. oder weniger zu leisten haben, bei Uebertragung des kautionspflichtigen Amtes aber zur Beschaffung der Kaution nicht im Stande sind, kann von dem Verwaltungs-Chef oder der von demselben zu beauftragenden Behörde ausnahmsweise gestattet werden, die Bestellung der Kaution nachträglich durch Ansammlung von Gehaltsabzügen zu bewirken. Diese Abzüge müssen jährlich mindestens den zehnten Theil der Kaution und dürfen in keinem Falle jährlich weniger als 25 Thlr. betragen.

Die gleiche Befugniß steht dem Verwaltungs-Chef bezw. der von demselben zu beauftragenden Behörde hinsichtlich solcher kautionspflichtigen Beamten zu, welche nach vollständiger Bestellung der für ihr bisheriges Amt zu leistenden Kaution in ein Amt mit höherer Kautionspflicht versetzt werden. Die jährlichen Abzüge müssen in diesem Falle mindestens den zehnten Theil der Kautionserhöhung betragen.

4. Soweit einzelnen Beamten vor dem Erlaß dieser Verordnung die Beschaffung der für ihr Dienstverhältniß erforderlichen Kaution durch Ansammlung von Gehaltsabzügen gestattet worden ist, bewendet es bei der getroffenen Festsetzung.

5. Verwaltet ein Beamter gleichzeitig mehrere kautionspflichtige Staatsämter, so genügt die Bestellung einer Kaution zu dem für eines dieser Aemter vorgeschriebenen Betrage. Sind die für die einzelnen Aemter vorgeschriebenen Kautionssätze verschieden, so ist die Kaution nach dem höchsten Satze zu leisten.

6. Wird nach Maßgabe des §. 5 eine Gesammtkaution für mehrere Aemter bestellt, so kann durch den Verwaltungs-Chef bestimmt werden, wie viel von dem Gesammtbetrage der Kaution auf jedes einzelne Amt zu rechnen ist. Diese Vertheilung muß in allen Fällen erfolgen, wenn ein kautionspflichtiger Beamter gleichzeitig ein kautionspflichtiges Amt im Dienste des Deutschen Reichs verwaltet.

7. Beamte, welche in dem im §. 14 des Gesetzes bezeichneten Falle sich befinden, haben den durch die Gehaltserhöhung ihnen zufließenden Mehrbetrag des Gehalts ganz zur Ansammlung der Kaution zu verwenden. Der Verwaltungs-Chef oder die von demselben zu beauftragende Behörde ist jedoch ermächtigt, die Ermäßigung der Gehaltsabzüge bis auf die Hälfte des Betrages der Gehaltserhöhung zu gestatten.

8. Die Ansammlung und Aufbewahrung der

Gehaltsabzüge (§§. 3, 4 und 7) erfolgt bei derjenigen Kasse, welcher die Aufbewahrung der vollen Kaution obliegt. Der Verwaltungs-Chef kann jedoch im Einvernehmen mit dem Finanzminister bestimmen, daß die Gehaltsabzüge bis dahin, daß aus den angesammelten Beträgen eine kautionsfähige Obligation zu beschaffen ist, auch bei einer anderen Kasse aufbewahrt werden.

XI. Pensionswesen.

47.

Pensions-Gesetz.
Vom 27. März 1872.

(G.S. S. 268.)

— in der durch die Novellen[1] vom 31. März 1882, 30. April 1884 (G.S. S. 126) **und 20. März 1890** (S 43). **geänderten Fassung. —**

§. 1. Jeder unmittelbare Staatsbeamte, welcher sein Diensteinkommen aus der Staatskasse bezieht, erhält aus derselben eine lebenslängliche Pension, wenn er nach einer Dienstzeit von wenigstens zehn Jahren in Folge eines körperlichen Gebrechens oder wegen Schwäche seiner körperlichen oder geistigen Kräfte zu der Erfüllung seiner Amtspflichten dauernd unfähig ist und deshalb in den Ruhestand versetzt wird.

Ist die Dienstunfähigkeit die Folge einer Krankheit, Verwundung oder sonstigen Beschädigung,[2]

---

[1] Hinsichtlich der Novelle von 1882 siehe den Abdruck hinter diesem Gesetz; die Novelle von 1884 hat an die Stelle des §. 10 Nr. 2 und der §§. 21 bis 23 neue, oben eingerückte Vorschriften treten lassen; die Novelle von 1890 hat nur den §. 19 Abs. 1 geändert.

Nicht mit aufgenommen ist die auf die Pensionirung der Lehrer und Schulbeamten sich beschränkende Novelle vom 25. April 1896 (G.S. S. 87).

[2] Siehe ferner das Gesetz, betreffend die Fürsorge für Beamte in Folge von Betriebsunfällen, vom 18. Juni 1887 hinten Nr. 50.

welche der Beamte bei Ausübung des Dienstes oder aus Veranlassung desselben ohne eigene Verschuldung sich zugezogen hat, so tritt die Pensionsberechtigung auch bei kürzerer als zehnjähriger Dienstzeit ein.

Bei Staatsministern, welche aus dem Staatsdienste ausscheiden, ist eingetretene Dienstunfähigkeit nicht Vorbedingung des Anspruchs auf Pension. Diese Bestimmung findet gleichfalls Anwendung auf diejenigen Beamten, welche das fünfundsechszigste Lebensjahr vollendet haben.

2. Die unter dem Vorbehalte des Widerrufs oder der Kündigung angestellten Beamten haben einen Anspruch auf Pension nach Maßgabe dieses Gesetzes nur dann, wenn sie eine in den Besoldungsetats aufgeführte Stelle bekleiden.

Es kann ihnen jedoch, wenn sie eine solche Stelle nicht bekleiden, bei ihrer Versetzung in den Ruhestand eine Pension bis auf Höhe der durch dieses Gesetz bestimmten Sätze bewilligt werden.

3. Die bei den Auseinandersetzungsbehörden beschäftigten Oekonomiekommissarien und Feldmesser, sowie die bei den Landesmeliorationen beschäftigten Wiesenbautechniker und Wiesenbaumeister haben nur insoweit einen Anspruch auf Pension, als ihnen ein solcher durch den Departementschef besonders beigelegt worden ist.

Wie vielen dieser Beamten und nach welchen Diensteinkommensätzen die Pensionsberechtigung beigelegt werden darf, wird durch den Staatshaus=

halts=Etat bestimmt. Für jetzt bewendet es bei den hierüber durch Königliche Erlasse gegebenen Vorschriften.

4. Das gegenwärtige Gesetz findet auch auf die Oberwachtmeister und Gendarmen der Landgendarmerie Anwendung; dagegen erfolgt die Pensionirung der Offiziere der Landgendarmerie nach den für die Offiziere des Reichsheeres geltenden Vorschriften.

5. Beamte, deren Zeit und Kräfte durch die ihnen übertragenen Geschäfte nur nebenbei in Anspruch genommen, oder welche ausdrücklich nur auf eine bestimmte Zeit oder für ein seiner Natur nach vorübergehendes Geschäft angenommen werden, erwerben keinen Anspruch auf Pension nach den Bestimmungen dieses Gesetzes.

Darüber, ob eine Dienststellung eine solche ist, daß sie die Zeit und Kräfte eines Beamten nur nebenbei in Anspruch nimmt, entscheidet mit Ausschluß des Rechtsweges die dem Beamten vorgesetzte Dienstbehörde.

6. Auf die Lehrer an den Universitäten ist dieses Gesetz nicht anwendbar.

Dagegen sind die Bestimmungen desselben anzuwenden auf alle Lehrer und Beamten an Gymnasien, Progymnasien, Realschulen, Schullehrer=Seminarien, Taubstummen= und Blinden=Anstalten, Kunst= und höheren Bürgerschulen. Wegen Aufbringung der Pension für diejenigen unter ihnen deren Pension nicht aus allgemeinen Staatsfonds zu gewähren ist, kommen die Vorschriften der Verordnung vom 28. Mai 1846 (Gesetz-Samml. S. 214) zur Anwendung.

7. Wird außer dem im zweiten Absatz des §. 1 bezeichneten Falle ein Beamter vor Vollendung des zehnten Dienstjahres dienstunfähig und deshalb in den Ruhestand versetzt, so kann demselben bei vorhandener Bedürftigkeit mit Königlicher Genehmigung eine Pension entweder auf bestimmte Zeit oder lebenslänglich bewilligt werden.

8.[1] Die Pension beträgt, wenn die Versetzung in den Ruhestand nach vollendetem zehnten, jedoch vor vollendetem elften Dienstjahre eintritt, $^{15}/_{60}$ und steigt von da ab mit jedem weiter zurückgelegten Dienstjahre um $^{1}/_{60}$ des in den §§. 10 bis 12 bestimmten Diensteinkommens.

Ueber den Betrag von $^{45}/_{60}$ dieses Einkommens hinaus findet eine Steigerung nicht statt.

In dem im §. 1 Absatz 2 erwähnten Falle beträgt die Pension $^{15}/_{60}$, in dem Falle des §. 7 höchstens $^{15}/_{60}$ des vorbezeichneten Diensteinkommens.

9. Bei jeder Pension werden überschießende Thalerbrüche auf volle Thaler abgerundet.

10. Der Berechnung der Pension wird das von dem Beamten zuletzt bezogene gesammte Dienst-

---

[1] Wegen Ausdehnung auf mittelbare Staatsbeamte vgl. Gesetz v. 1. März 1891 (G.S. S. 19).

einkommen, soweit es nicht zur Bestreitung von Repräsentations- oder Dienstaufwandskosten gewährt wird, nach Maßgabe der folgenden näheren Bestimmungen zu Grunde gelegt.[1]

1. Feststehende Dienstemolumente, namentlich freie Dienstwohnung, sowie die anstatt derselben gewährte Miethsentschädigung, Feuerungs- und Erleuchtungsmaterial, Naturalbezüge an Getreide, Winterfutter u. s. w., sowie der Ertrag von Dienstgrundstücken kommen nur insoweit zur Anrechnung, als deren Werth in den Besoldungsetats auf die Geldbesoldung des Beamten in Rechnung gestellt, oder zu einem bestimmten Geldbetrage als anrechnungsfähig bezeichnet ist.
2. Dienstemolumente, welche ihrer Natur nach steigend und fallend sind, werden nach den in den Besoldungs-Etats oder sonst bei Verleihung des Rechts auf diese Emolumente deshalb getroffenen Festsetzungen und in Ermangelung solcher Festsetzungen nach ihrem durchschnittlichen Betrage während der drei letzten Etatsjahre vor dem Etatsjahre, in welchem die Pension festgesetzt wird, zur Anrechnung gebracht.
3. Blos zufällige Diensteinkünfte, wie widerrufliche Tantième, Kommissionsgebühren, außer-

[1] Wegen Anrechnung des Wohnungsgeldzuschusses vgl. §. 10 des Gesetzes v. 12. Mai 1873, oben Nr. 26.

ordentliche Remunerationen, Gratifikationen und dergleichen kommen nicht zur Berechnung.

4. Das gesammte zur Berechnung zu ziehende Diensteinkommen einer Stelle darf den Betrag des höchsten Normalgehalts derjenigen Dienstkategorie, zu welcher die Stelle gehört, nicht übersteigen.

Ohne diese Beschränkung kommen jedoch solche Gehaltstheile oder Besoldungszulagen, welche zur Ausgleichung eines von dem betreffenden Beamten in früherer Stellung bezogenen Diensteinkommens demselben mit Pensionsberechtigung gewährt sind, zur vollen Anrechnung.

5. Wenn das nach den Bestimmungen dieses Paragraphen ermittelte Einkommen eines Beamten insgesammt mehr als 4000 Rthlr. beträgt, wird von dem überschießenden Betrag nur die Hälfte in Anrechnung gebracht.

11. Ein Beamter, welcher früher ein mit einem höheren Diensteinkommen verbundenes Amt bekleidet und dieses Einkommen wenigstens Ein Jahr lang bezogen hat, erhält, sofern der Eintritt oder die Versetzung in ein Amt von geringerem Diensteinkommen nicht lediglich auf seinen im eigenen Interesse gestellten Antrag erfolgt oder als Strafe auf Grund des §. 16. des Gesetzes, betreffend die Dienstvergehen der nicht richterlichen Beamten u. s. w., vom 21. Juli 1852 (Gesetz-Samml. S. 465),

oder des §. 1. des Gesetzes, betreffend einige Abänderungen des Gesetzes über die Dienstvergehen der Richter vom 7. Mai 1851 u. s. w., vom 22. März 1856 (Gesetz-Samml. S. 201) gegen ihn verhängt ist, bei seiner Versetzung in den Ruhestand eine nach Maßgabe des früheren höheren Diensteinkommens unter Berücksichtigung der gesammten Dienstzeit berechnete Pension; jedoch soll die gesammte Pension das letzte pensionsberechtigte Diensteinkommen nicht übersteigen.

12. Das mit Nebenämtern oder Nebengeschäften verbundene Einkommen begründet nur dann einen Anspruch auf Pension, wenn eine etatsmäßige Stelle als Nebenamt bleibend verliehen ist.

13. Die Dienstzeit[1] wird vom Tage der Ableistung des Diensteides gerechnet. Kann jedoch ein Beamter nachweisen, daß seine Vereidigung erst nach dem Zeitpunkte seines Eintritts in den Staatsdienst stattgefunden hat, so wird die Dienstzeit von diesem Zeitpunkte an gerechnet.

14.[2] Bei Berechnung, der Dienstzeit kommt auch

1. unter Bezug von Wartegeld im einstweiligen die Zeit in Anrechnung, während welcher ein Beamter: Ruhestand nach Maßgabe der Vorschriften des Gesetzes vom 21. Juli 1852 §. 87. Nr. 2

---

[1] S. Anlage zum Erlaß v. 10. April 1883 (MinBl. f. d. i. V. S. 56) bezw. 1. Mai 1883 (Just.Min.Bl. S. 139).

[2] Für die Beamten des Kunstgewerbemuseums zu Berlin siehe Gesetz v. 19. Juli 1886 (G.S. S. 205).

(Gesetz-Samml. S. 465), der Erlasse vom 14. Juni 1848 (Gesetz-Samml. S. 153) und 24. Oktober 1848 (Gesetz-Samml. S. 338) und der Verordnung vom 23. September 1867 §. 1 Nr. 4. (Gesetz-Samml. S. 1619), oder

2. im Dienste des Norddeutschen Bundes oder des Deutschen Reichs sich befunden hat, oder
3. als anstellungsberechtigte ehemalige Militärperson nur vorläufig oder auf Probe im Civildienste des Staats, des Norddeutschen Bundes oder des Deutschen Reichs beschäftigt worden ist, oder
4. eine praktische Beschäftigung außerhalb des Staatsdienstes ausübte, insofern und insoweit diese Beschäftigung vor Erlangung der Anstellung in einem unmittelbaren Staatsamte Behufs der technischen Ausbildung in den Prüfungsvorschriften ausdrücklich angeordnet ist, oder
5. als Lehrer (§. 6.) das vorgeschriebene Probejahr abhielt.

15. Der Civildienstzeit wird die Zeit des aktiven Militärdienstes hinzugerechnet.

16.[1] Die Dienstzeit, welche vor den Beginn des einundzwanzigsten Lebensjahres fällt, bleibt außer Berechnung.

Nur die in die Dauer eines Krieges fallende und bei

[1] Wegen Ausdehnung auf mittelbare Staatsbeamte vgl. Gesetz v. 1. März 1891 (G.S. S. 19).

einem mobilen oder Ersatztruppentheile abgeleistete Militairdienstzeit kommt ohne Rücksicht auf das Lebensalter zur Anrechnung.

Als Kriegszeit gilt in dieser Beziehung die Zeit vom Tage einer angeordneten Mobilmachung, auf welche ein Krieg folgt, bis zum Tage der Demobilmachung.

17. Für jeden Feldzug,[1] an welchem ein Beamter im Preußischen oder im Reichsheer oder in der Preußischen oder Kaiserlichen Marine derart Theil genommen hat, daß er wirklich vor den Feind gekommen oder in dienstlicher Stellung den mobilen Truppen in das Feld gefolgt ist, wird demselben zu der wirklichen Dauer der Dienstzeit Ein Jahr zugerechnet.

[1] Folgende Feldzüge kommen besonders in Anrechnung: der Feldzug von 1848 in Schleswig-Holstein Allerh. Erl. v. 20. Novbr. 1848 (Min.Bl. f. d. i. V. S. 395, Just.Min.Bl. S. 456); der Kampf von 1848 in Posen, Allerh. Erl. v. 13. Februar 1849 (Min.Bl. f. d. i. V. S. 54. Just.Min.Bl. S. 133); der Feldzug von 1849 in Schleswig und Jütland sowie in der Pfalz und in Baden, Allerh. Erl. v. 6. Novbr 1849 (Min.Bl. f. d. i. V. S. 292, Just.Min.Bl. S. 483); der Kampf von 1849 im Königr. Sachsen zur Unterdrückung des dortigen Aufstandes, Allerhöchster Erlaß v. 6. Mai 1858 (Min.Bl. f. d. i. V. S. 149, Just.Min.Bl. S. 210); die Feldzüge von 1848, 1849 und 1850 für die ehemals fremdländischen, in den Preußischen Dienst übernommenen Offiziere und Mannschaften, Allerh. Erl v. 7. Februar 1867 (Min.Bl. f. d. i. V. S. 51); der Feldzug von 1864 gegen Dänemark, Allerh. Erl. v. 18. Dezbr. 1864 (Min.Bl. f. d. i. V. 1865 S. 21,

Ob eine militärische Unternehmung in dieser Beziehung als ein Feldzug anzusehen ist, und inwiefern bei Kriegen von längerer Dauer mehrere Kriegsjahre in Anrechnung kommen sollen, dafür ist die nach §. 23. des Reichsgesetzes vom 27. Juni 1871 (Reichsgesetzblatt S. 275) in jedem Falle ergehende Bestimmung des Kaisers maßgebend.

Für die Vergangenheit bewendet es bei den hierüber durch Königliche Erlasse gegebenen Vorschriften.

18. Die Zeit

a) eines Festungsarrestes von einjähriger und längerer Dauer, sowie

b) der Kriegsgefangenschaft

kann nur unter besonderen Umständen mit Königlicher Genehmigung angerechnet werden.

19. Mit Königlicher Genehmigung kann zukünftig

Just.Min.Bl. 1865 S. 10); der Feldzug von 1866 gegen Oesterreich, Allerh. Erl. v. 6. Novbr. 1866 (Just.Min.Bl. 1871 S. 150) und v. 11. Februar 1875 (Min.Bl f. d. i. V. S. 154 und Just.Min.Bl. S. 133); die Feldzüge von 1870 und 1871 gegen Frankreich, Allerh. Erl. v. 16. Mai 1871 (Min.Bl. f. d. i. V. 1871 S. 159, Just.Min.Bl. S. 151).

Wegen der militärischen Aktionen in den Schutzgebieten u. a., welche als Feldzüge gelten, siehe folgende im Marineverordnungsblatt veröffentlichte Kaiserliche Erlasse:

a. Kamerun: v. 4. Juli 1885 (S. 102), 5. Septbr. 1892 S. 195), 18. Juli 1896;

b. Ostafrika: v. 19. Novbr. 1889 (S. 83), 24. Oktober 1891 (S. 265), 5. Dezembr. 1892 (S. 267), 17. April 1893 (S 81), 2. August 1894 (S. 172), 5. September 1895 (S. 227), 18. Juli 1896;

c. Samoainseln: 19. Novbr. 1889 (S. 83).

nach Maßgabe der Bestimmungen in den §§. 13 bis 18 angerechnet werden:

1. die Zeit, während welcher ein Beamter
   a) sei es im In- oder Auslande als Sachwalter oder Notar fungirt, im Gemeinde-, Kirchen- oder Schuldienste, im ständischen Dienste, oder im Dienste einer landesherrlichen Haus- oder Hofverwaltung sich befunden, oder
   b) im Dienste eines fremden Staates gestanden hat;
2. die Zeit praktischer Beschäftigung außerhalb des Staatsdienstes, insofern und insoweit diese Beschäftigung vor Erlangung der Anstellung in einem unmittelbaren Staatsamte herkömmlich war.

Die Anrechnung der unter 1. erwähnten Beschäftigung muß erfolgen bei denjenigen Beamten, welche mit den im Jahre 1866 erworbenen Landestheilen in den unmittelbaren Staatsdienst übernommen worden sind, sofern dieselben auf diese Anrechnung nach den bis dahin für sie maßgebenden Pensionsvorschriften einen Rechtsanspruch hatten.

20. Zum Erweise der Dienstunfähigkeit eines seine Versetzung in den Ruhestand nachsuchenden Beamten ist die Erklärung der demselben unmittelbar vorgesetzten Dienstbehörde erforderlich, daß sie nach pflichtmäßigem Ermessen den Beamten für unfähig halte, seine Amtspflichten ferner zu erfüllen.[1]

[1] Cirkular-Verfügung, das Verfahren bei der Vorbereitung

Inwieweit noch andere Beweismittel zu erfordern, oder, der Erklärung der unmittelbar vorgesetzten Behörde entgegen für ausreichend zu erachten sind, hängt von dem Ermessen der über die Versetzung in den Ruhestand entscheidenden Behörde ab.

21. Die Bestimmung darüber, ob und zu welchem Zeitpunkte dem Antrage eines Beamten auf Versetzung in den Ruhestand stattzugeben ist, erfolgt durch den Departementschef.

Bei denjenigen Beamten, welche durch den König zu ihren Aemtern ernannt worden sind, ist die Genehmigung des Königs zur Versetzung in den Ruhestand erforderlich.

Für die Beamten derjenigen Kategorien, deren Anstellung durch eine dem Departementschef nachgeordnete Behörde erfolgt, kann der Departementschef letzterer oder der ihr vorgesetzten Behörde die Bestimmung über den Antrag auf Versetzung in den Ruhestand übertragen.[1]

22. Die Entscheidung darüber, ob und welche Pension einem Beamten bei seiner Versetzung in den Ruhestand zusteht, erfolgt durch den Departementschef in Gemeinschaft mit dem Finanzminister.

Dieselben können die Befugniß zu dieser Ent-

---

der Pensionirung von Civilbeamten betreffend v. 24. Septbr. 1874 (Min.Bl. f. d. i. V. S. 249).

[2] Cirk. v. 29. Juli und 30. Oktober 1884 (Min.Bl. d. f. i. V. S. 194, 231), Allgemeine Verfügung v. 17. März 1885 (Just.Min.Bl. S. 104).

scheidung derjenigen dem Departementschef nachgeordneten Behörde übertragen, welcher die Bestimmung über die Versetzung des Beamten in den Ruhestand zusteht (§. 21 Absatz 3).

23. Die Beschreitung des Rechtsweges gegen die Entscheidung darüber, ob und welche Pension einem Beamten bei seiner Versetzung in den Ruhestand zu gewähren ist, steht dem Beamten offen, doch muß die Entscheidung des Departementschefs und des Finanzministers der Klage vorhergehen, und letztere sodann bei Verlust des Klagerechts innerhalb sechs Monaten, nachdem dem Beamten diese Entscheidung bekannt gemacht ist, erhoben werden. Der Verlust des Klagerechts tritt auch dann ein, wenn nicht von dem Beamten, über dessen Anspruch auf Pension die dem Departementschef nachgeordnete Behörde Entscheidung getroffen hat (§. 22 Absatz 2), gegen diese Entscheidung binnen gleicher Frist die Beschwerde an den Departementschef und den Finanzminister erhoben ist.

24. Die Versetzung in den Ruhestand tritt, sofern nicht auf den Antrag oder mit ausdrücklicher Zustimmung des Beamten ein früherer Zeitpunkt festgesetzt wird, mit dem Ablauf des Vierteljahres ein, welches auf den Monat folgt, in welchem dem Beamten die Entscheidung über seine Versetzung in den Ruhestand und die Höhe der ihm etwa zustehenden Pension (§. 22.) bekannt gemacht worden ist.

25. Die Pensionen werden monatlich im Voraus gezahlt.

26. Das Recht auf den Bezug der Pension kann weder abgetreten noch verpfändet werden.

In Ansehung der Beschlagnahme der Pensionen bleiben die bestehenden Bestimmungen in Kraft.[1]

27. Das Recht auf den Bezug der Pension ruht:

1. wenn ein Pensionair das Deutsche Indigenat[2] verliert, bis zu etwaiger Wiedererlangung desselben;
2. wenn und so lange ein Pensionair im Reichs- oder Staatsdienste ein Diensteinkommen bezieht, insoweit als der Betrag dieses neuen Diensteinkommens unter Hinzurechnung der Pension den Betrag des von dem Beamten vor der Pensionirung bezogenen Diensteinkommens übersteigt.

28. Ein Pensionair, welcher in eine an sich zur Pension berechtigende Stellung des unmittelbaren Staatsdienstes wieder eingetreten ist (§. 27 Nr. 2), erwirbt für den Fall des Zurücktretens in den Ruhestand den Anspruch auf Gewährung einer nach Maßgabe seiner nunmehrigen verlängerten Dienstzeit und des in der neuen Stellung bezogenen Dienst-

[1] Absatz 2 ersetzt durch §. 749 der Civilprozeßordnung vorn Nr. 29.

[2] Reichsverfassung v. 16. April 1871, Art 3 (R.G.Bl. S. 64) u. Gesetz über die Erwerbung und den Verlust der Bundes- und Staatsangehörigkeit v. 1. Juni 1870 (B.G.Bl. S. 355).

einkommens berechneten Pension nur dann, wenn die neu hinzutretende Dienstzeit wenigstens ein Jahr betragen hat.

Mit der Gewährung einer hiernach neu berechneten Pension fällt bis auf Höhe des Betrages derselben das Recht auf den Bezug der früher bezogenen Pension hinweg.

Dasselbe gilt, wenn ein Pensionair im Deutschen Reichsdienste eine Pension erdient.

29. Die Einziehung, Kürzung oder Wiedergewährung der Pension auf Grund der Bestimmungen in den §§. 27 und 28 tritt mit dem Beginn desjenigen Monats ein, welcher auf das, eine solche Veränderung nach sich ziehende Ereigniß folgt.

Im Falle vorübergehender Beschäftigung im Reichs- oder im Staatsdienste gegen Tagegelder oder eine anderweite Entschädigung wird die Pension für die ersten sechs Monate dieser Beschäftigung unverkürzt, dagegen vom siebenten Monate ab nur zu dem nach den vorstehenden Bestimmungen zulässigen Betrage gewährt.[1]

30. Sucht ein nicht richterlicher Beamter, welcher das fünfundsechzigste Lebensjahr vollendet hat, seine Versetzung in den Ruhestand nicht nach, so kann

---

[1] Vgl. Cirkular-Erlasse des Ministers des Innern und des Finanz-Ministers v. 5. Februar, 16. März und 6. September 1881 (Min.Bl. f. d. i. V. S. 77, 78, 205 und Just.Min.Bl. S. 63, 208, 214), auch 19. August 1880 (Min.Bl. f. d. i. V. S. 261).

diese nach Anhörung des Beamten unter Beobachtung der Vorschriften der §§. 20 ff. dieses Gesetzes in der nämlichen Weise verfügt werden, wie wenn der Beamte seine Pensionirung selbst beantragt hätte.

Im Uebrigen behält es in Ansehung der unfreiwilligen Versetzung in den Ruhestand und des dabei stattfindenden Verfahrens bei den Bestimmungen in den §§. 56—64 des Gesetzes, betreffend die Dienstvergehen der Richter und die unfreiwillige Versetzung derselben auf eine andere Stelle oder in den Ruhestand, vom 7. Mai 1851 (Gesetz-Samml. S. 218) und in den §§. 88—93 des Gesetzes, betreffend die Dienstvergehen der nicht richterlichen Beamten, die Versetzung derselben auf eine andere Stelle oder in den Ruhestand, vom 21. Juli 1852 (Gesetz-Samml. S. 465) sein Bewenden.

Wird hiernach gemäß §. 90 des letzterwähnten Gesetzes von dem Rechtsmittel des Rekurses an das Staatsministerium Gebrauch gemacht, so läuft die sechsmonatliche Frist zur Anstellung der Klage wegen unrichtiger Festsetzung des Pensionsbetrages (§. 2 des Gesetzes, betreffend die Erweiterung des Rechtsweges, vom 24. Mai 1861, Gesetz-Samml. S. 241) erst von dem Tage, an welchem dem Beamten die Entscheidung des Staatsministeriums bekannt gemacht ist.

31. Hinterläßt ein Pensionair eine Wittwe oder eheliche Nachkommen, so wird die Pension noch für den auf den Sterbemonat folgenden Monat gezahlt.

An wen die Zahlung erfolgt, bestimmt die Provinzialbehörde, auf deren Etat die Pension übernommen war.

Die Zahlung der Pension für den auf den Sterbemonat folgenden Monat kann auf Verfügung dieser Behörde auch dann stattfinden, wenn der Verstorbene Eltern, Geschwister, Geschwisterkinder oder Pflegekinder, deren Ernährer er gewesen ist, in Bedürftigkeit hinterläßt, oder wenn der Nachlaß nicht ausreicht, um die Kosten der letzten Krankheit und der Beerdigung zu decken.

Der über den Sterbemonat hinaus gewährte einmonatliche Betrag der Pension kann nicht Gegenstand einer Beschlagnahme sein.[1]

32. Ist die nach Maßgabe dieses Gesetzes bemessene Pension geringer als die Pension, welche dem Beamten hätte gewährt werden müssen, wenn er am 31. März 1872 nach den bis dahin für ihn geltenden Bestimmungen pensionirt worden wäre, so wird diese letztere Pension an Stelle der ersteren bewilligt.

33. Den in Folge der Aufhebung der Patrimonialgerichtsbarkeit aus dem Privatgerichtsdienst in den unmittelbaren Staatsdienst übernommen oder bereits vor dieser Aufhebung in den unmittelbaren Staatsdienst übergegangenen Beamten wird die Zeit des Privatgerichtsdienstes nach Maßgabe der Bestimmungen des gegenwärtigen Gesetzes angerechnet.

[1] Vgl. Anm. zu §. 26.

Den vormals Schleswig-Holsteinischen Beamten wird die Zeit, welche sie als beeidigte Sekretaire oder Volontaire bei den Oberbeamten zugebracht haben, bei Feststellung ihrer Dienstzeit mit angerechnet.

34. Die Zeit, während welcher ein Beamter in den neu erworbenen Landestheilen oder ein mit einem solchen Landestheile übernommener Beamter auch in einem anderen Theile des Landes, welchem seine Heimath vor der Vereinigung mit Preußen angehört hat, im unmittelbaren Dienste der damaligen Landesherrschaft gestanden hat, wird in allen Fällen bei der Pensionirung nach Maßgabe des gegenwärtigen Gesetzes in Anrechnung gebracht.

35. Hinsichtlich der Hohenzollernschen, in den Preußischen Staatsdienst übernommenen Beamten bleiben die Bestimmungen unter Nr. 2 und 3 des Erlasses vom 26. August 1854 (Gesetz-Samml. 1855 S. 33) in Kraft.

36. Zusicherungen, welche in Bezug auf dereinstige Bewilligung von Pensionen an einzelne Beamte oder Kategorien von Beamten durch den König oder einen der Minister gemacht worden sind, bleiben in Kraft.

Doch finden auf Beamte, hinsichtlich deren durch Staatsverträge die Bewilligung von Pensionen nach den Grundsätzen fremdländischer Pensionsbestimmungen zugesichert worden ist, die Vorschriften des gegenwärtigen Gesetzes insoweit Anwendung, als sie für die Beamten günstiger sind.

37. Die im §. 79 des Gesetzes, betreffend die Verfassung und Verwaltung der Städte und Flecken in der Provinz Schleswig-Holstein, vom 14. April 1869 (Gesetz-Samml. S. 589) festgestellte Verpflichtung der Staatskasse zur antheiligen Uebernahme der Pensionen städtischer Beamten wird durch das gegenwärtige Gesetz nicht berührt.

38. Das gegenwärtige Gesetz tritt mit dem 1. April 1872 in Kraft. Mit diesem Zeitpunkte treten, soweit nicht durch §. 32 Ausnahmen bedingt werden, alle den Vorschriften dieses Gesetzes entgegenstehenden Bestimmungen, insbesondere das Pensionsreglement für die Civil-Staatsdiener vom 30. April 1825 und die dasselbe ergänzenden, erläuternden und abändernden Bestimmungen außer Kraft. Wo in den bestehenden Gesetzen und Verordnungen auf dieselben Bezug genommen wird, kommen die Bestimmungen des gegenwärtigen Gesetzes zur Anwendung.

48.

Gesetz, betreffend die Abänderung des Pensionsgesetzes vom 27. März 1872. Vom 31. März 1882.

(G.S. S. 133.)

Artikel I.

An die Stelle des §. 1 Absatz 3, des §. 8, des §. 16 Absatz 1 und des §. 30 Absatz 1 des Pensionsgesetzes vom 27. März 1872 (Gesetz-Samml. S. 268) treten folgende Vorschriften.

— Die neuen Vorschriften sind in das Pensionsgesetz eingerückt und deshalb hier fortgeblieben. —

Artikel II.

Ist die nach Maßgabe dieses Gesetzes bemessene Pension geringer als die Pension, welche dem Beamten hätte gewährt werden müssen, wenn er am 31. März 1882 nach den bis dahin für ihn geltenden Bestimmungen pensionirt worden wäre, so wird diese letztere Pension an Stelle der ersteren bewilligt.

Artikel III.

Die Vorschriften dieses Gesetzes finden ausschließlich Anwendung auf unmittelbare Staatsbeamte und die in dem zweiten Absatze des §. 6 des Pensionsgesetzes vom 27. März 1872 genannten Lehrer und Beamten.

Artikel IV.

Das gegenwärtige Gesetz tritt mit dem 1. April 1882 in Kraft.

49.

Pensionstabelle.

Dieselbe ist zunächst nur für die Beamten der 2. bis 5. Rangklasse aufgestellt; für die übrigen Beamtenklassen (mit Ausnahme der Unterbeamten) würde zum Gehalt ein durchschnittlicher Wohnungsgeldzuschuß von 297 Mark 60 Pf., für die Unterbeamten ein solcher von 112 Mark 80 Pf., hinzuzurechnen und die Pension auf einen durch 3 theilbaren Markbetrag nach oben hin abzurunden sein. Zu beachten ist für alle Fälle, daß die Dienstzeit, welche vor den Beginn des einundzwanzigsten Lebensjahres fällt, außer Berechnung bleibt.

Pensions

Bei einem pensionsberechtigten Einkommen.			nach zurückgelegtem					
an Gehalt	an durchschnittlichem Wohnungsgeldzuschuß	zusammen	10ten	11ten	12ten	13ten	14ten	15ten
			Dienstjahre					
Mark	Mark	Mark	15/60 Mark	16/60 Mark	17/60 Mark	18/60 Mark	19/60 Mark	20/60 Mark
2400	492	2892	723	774	822	870	918	966
2700	492	3192	798	852	906	960	1011	1065
3000	492	3492	873	933	990	1050	1107	1164
3300	492	3792	948	1014	1077	1140	1203	1266
3600	492	4092	1023	1092	1161	1230	1296	1365
3900	492	4392	1098	1173	1245	1320	1392	1464
4200	492	4692	1173	1254	1332	1410	1488	1566
4500	492	4992	1248	1332	1416	1500	1581	1665
4800	492	5292	1323	1413	1500	1590	1677	1764
5100	492	5592	1398	1494	1587	1680	1773	1866
5400	492	5892	1473	1572	1671	1770	1866	1965
5700	492	6192	1548	1653	1755	1860	1962	2064
6000	492	6492	1623	1734	1842	1950	2058	2166
6600	492	7092	1773	1893	2010	2130	2247	2364
7500	492	7992	1998	2133	2265	2400	2532	2664
7500	660	8160	2040	2178	2313	2448	2586	2721
8100	660	8760	2190	2337	2484	2628	2775	2922
8700	660	9360	2340	2496	2652	2808	2964	3120
9300	660	9960	2490	2658	2823	2988	3156	3321
9900	660	10560	2640	2817	2994	3168	3345	3522
10500	660	11160	2790	2976	3162	3348	3534	3720
14000	660	14660 (13330)	3333	3555	3777	3999	4221	4446

tabelle.

nach zurückgelegtem									
16ten	17ten	18ten	19ten	20sten	21sten	22sten	23sten	24sten	25sten
Dienstjahre.									
$^{21}/_{60}$ Mark	$^{22}/_{60}$ Mark	$^{23}/_{60}$ Mark	$^{24}/_{60}$ Mark	$^{25}/_{60}$ Mark	$^{26}/_{60}$ Mark	$^{27}/_{60}$ Mark	$^{28}/_{60}$ Mark	$^{29}/_{60}$ Mark	$^{30}/_{60}$ Mark
1014	1062	1110	1158	1206	1254	1302	1350	1398	1446
1119	1173	1224	1278	1332	1386	1437	1491	1545	1596
1224	1281	1341	1398	1455	1515	1572	1632	1689	1746
1329	1392	1555	1518	1581	1644	1707	1770	1833	1896
1434	1503	1569	1638	1707	1776	1842	1911	1980	2046
1539	1611	1686	1758	1830	1905	1977	2052	2124	2196
1644	1722	1800	1878	1956	2034	2112	2190	2268	2346
1749	1833	1914	1998	2082	2166	2247	2331	2415	2496
1854	1941	2031	2118	2205	2295	2382	2472	2559	2646
1959	2052	2145	2238	2331	2424	2517	2610	2703	2796
2064	2163	2259	2358	2457	2556	2652	2751	2850	2946
2169	2271	2376	2478	2580	2685	2787	2892	2994	3096
2274	2382	2490	2598	2706	2814	2922	3030	3138	3246
2484	2601	2721	2838	2955	3075	3192	3312	3429	3546
2799	2931	3066	3198	3330	3465	3597	3732	3864	3996
2856	2994	3129	3264	3402	3537	3672	3810	3945	4080
3066	3213	3360	3504	3651	3798	3942	4089	4236	4380
3276	3432	3588	3744	3900	4056	4212	4368	4524	4680
3486	3654	3819	3984	4152	4317	4482	4650	4815	4980
3696	3873	4050	4224	4401	4578	4752	4929	5106	5280
3906	4092	4278	4464	4650	4836	5022	5208	5394	5580
4668	4890	5112	5334	5556	5778	6000	6222	6444	6666

bei einem pensionsberechtigten Einkommen. an Gehalt Mark	an durchschnittlichem Wohnungsgeldzuschuß Mark	zusammen Mark	nach zurückgelegtem 26sten Dienstjahre. 31/60 Mark	27sten 32/60 Mark	28sten 33/60 Mark	29sten 34/60 Mark	30sten 35/60 Mark	31sten 36/60 Mark
2400	492	2892	1497	1545	1593	1641	1689	1737
2700	492	3192	1650	1704	1758	1809	1863	1917
3000	492	3492	1806	1863	1923	1980	2037	2097
3300	492	3792	1962	2025	2088	2151	2214	2277
3600	492	4092	2115	2184	2253	2319	2388	2457
3900	492	4392	2271	2343	2418	2490	2562	2637
4200	492	4692	2427	2505	2583	2661	2739	2817
4500	492	4992	2580	2664	2748	2829	2913	2997
4800	492	5292	2736	2823	2913	3000	3087	3177
5100	492	5592	2892	2985	3078	3171	3264	3357
5400	492	5892	3045	3144	3243	3339	3438	3537
5700	492	6192	3201	3303	3408	3510	3612	3717
6000	492	6492	3357	3465	3573	3681	3789	3897
6600	492	7092	3666	3783	3903	4020	4137	4257
7500	492	7992	4131	4263	4398	4530	4662	4797
7500	660	8160	4218	4353	4488	4626	4761	4896
8100	660	8760	4527	4674	4818	4965	5112	5256
8700	660	9360	4836	4992	5148	5304	5460	5616
9300	660	9660	5148	5313	5478	5646	5811	5976
9900	660	10560	5457	5634	5808	5985	6162	6336
10500	660	11160	5766	5952	6138	6324	6510	6696
14000	660	14660 (13330)	6888	7110	7332	7554	7776	7998

nach zurückgelegtem								
32sten	33sten	34sten	35sten	36sten	37sten	38sten	39sten	40sten
Dienstjahre.								
37/60 Mark	38/60 Mark	39/60 Mark	40/60 Mark	41/60 Mark	42/60 Mark	43/60 Mark	44/60 Mark	45/60 Mark
1785	1833	1881	1929	1977	2025	2073	2121	2169
1971	2022	2076	2130	2184	2235	2289	2343	2394
2154	2214	2271	2328	2388	2445	2505	2562	2619
2340	2403	2466	2529	2592	2655	2718	2781	2844
2526	2592	2661	2730	2799	2865	2934	3003	3069
2709	2784	2856	2928	3003	3075	3150	3222	3294
2895	2973	3051	3129	3207	3285	3363	3441	3519
3081	3162	3246	3330	3414	3495	3579	3663	3744
3264	3354	3441	3528	3618	3705	3795	3882	3969
3450	3543	3636	3729	3822	3915	4008	4101	4194
3636	3732	3831	3930	4029	4125	4224	4323	4419
3819	3924	4026	4128	4233	4335	4440	4542	4644
4005	4113	4221	4329	4437	4545	4653	4761	4869
4374	4494	4611	4728	4848	4965	5085	5202	5319
4929	5064	5196	5328	5463	5595	5730	5862	5994
5034	5169	5304	5442	5577	5712	5850	5985	6120
5403	5550	5694	5841	5988	6132	6279	6426	6570
5772	5928	6084	6240	6396	6552	6708	6864	7020
6144	6309	6474	6642	6807	6972	7140	7305	7470
6513	6690	6864	7041	7218	7392	7569	7746	7920
6882	7068	7254	7440	7626	7812	7998	8184	8370
8223	8445	8667	8889	9111	9333	9555	9777	9999

50.

Gesetz, betreffend die Fürsorge für Beamte in Folge von Betriebsunfällen.

Vom 18. Juni 1887.

(G.S. S. 282.)

1. Unmittelbare Staatsbeamte, welche in reichsgesetzlich der Unfallversicherung unterliegenden Betrieben beschäftigt sind, erhalten, wenn sie in Folge eines im Dienste erlittenen Betriebsunfalls dauernd dienstunfähig werden, als Pension sechsundsechszigzweidrittel Prozent ihres jährlichen Diensteinkommens, soweit ihnen nicht nach anderweiter gesetzlicher Vorschrift ein höherer Betrag zusteht.

Personen der vorbezeichneten Art erhalten, wenn sie in Folge eines im Dienste erlittenen Betriebsunfalls nicht dauernd dienstunfähig geworden, aber in ihrer Erwerbsfähigkeit beeinträchtigt worden sind, bei ihrer Entlassung aus dem Dienste als Pension:

1. im Falle völliger Erwerbsunfähigkeit für die Dauer derselben den im ersten Absatze bezeichneten Betrag;
2. im Falle theilweiser Erwerbsunfähigkeit für die Dauer derselben einen Bruchtheil der vorstehend bezeichneten Pension, welcher nach dem Maße der verbliebenen Erwerbsfähigkeit zu bemessen ist.

Steht solchen Personen nach anderweiter gesetzlicher Vorschrift ein höherer Betrag zu, so erhalten sie diesen.

Nach dem Wegfall des Diensteinkommens sind dem Verletzten außerdem die noch erwachsenden Kosten des Heilverfahrens zu ersetzen.

2. Die Hinterbliebenen solcher im §. 1 bezeichneten Personen, welche in Folge eines im Dienste erlittenen Betriebsunfalls gestorben sind, erhalten:

1. als Sterbegeld, sofern ihnen nicht nach anderweiter Bestimmung Anspruch auf Gnadenquartal oder Gnadenmonat zusteht, den Betrag des einmonatigen Diensteinkommens beziehungsweise der einmonatigen Pension des Verstorbenen, jedoch mindestens 30 Mark;
2. eine Rente. Dieselbe beträgt:
   a) für die Wittwe bis zu deren Tode oder Wiederverheirathung zwanzig Prozent des jährlichen Diensteinkommens des Verstorbenen, jedoch nicht unter 160 Mark und nicht mehr als 1600 Mark;
   b) für jedes Kind bis zur Vollendung des achtzehnten Lebensjahres oder bis zur etwaigen früheren Verheirathung, sofern die Mutter lebt, fünfundsiebenzig Prozent der Wittwenrente und sofern die Mutter nicht lebt, die volle Wittwenrente;
   c) für Aszendenten des Verstorbenen, wenn dieser ihr einziger Ernährer war, für die Zeit bis zu ihrem Tode oder bis zum Wegfall der Bedürftigkeit zwanzig Prozent des Diensteinkommens des Verstorbenen,

jedoch nicht unter 160 Mark und nicht mehr als 1600 Mark; sind mehrere derartig Berechtigte vorhanden, so wird die Rente den Eltern vor den Großeltern gewährt.

Die Renten dürfen zusammen sechszig Prozent des Diensteinkommens nicht übersteigen. Ergiebt sich ein höherer Betrag, so haben die Aszendenten nur insoweit einen Anspruch, als durch die Renten der Wittwe und der Kinder der Höchstbetrag der Rente nicht erreicht wird. Soweit die Renten der Wittwe und Kinder den zulässigen Höchstbetrag überschreiten, werden die einzelnen Renten in gleichem Verhältnisse gekürzt.

Steht nach anderweiter gesetzlicher Vorschrift den Hinterbliebenen ein höherer Betrag zu, so erhalten sie diesen.

Der Anspruch der Wittwe ist ausgeschlossen, wenn die Ehe erst nach dem Unfall geschlossen worden ist.

3. Erreicht das Diensteinkommen nicht den von der höheren Verwaltungsbehörde nach Anhörung der Gemeindebehörde für Erwachsene festgesetzten ortsüblichen Tagelohn gewöhnlicher Tagearbeiter (§. 8 des Gesetzes, betreffend die Krankenversicherung der Arbeiter, vom 15. Juni 1883, Reichs-Gesetzbl. S. 73), so ist der letztere der Berechnung zu Grunde zu legen.

Bleibt bei den nicht mit Pensionsberechtigung angestellten Beamten (§. 1) die nach vorstehenden

Bestimmungen der Berechnung zu Grunde zu legende Summe unter dem niedrigsten Diensteinkommen derjenigen Stellen, in welchen solche Beamte nach den bestehenden Grundsätzen zuerst mit Pensionsberechtigung angestellt werden können, so ist der letztere Betrag der Berechnung zu Grunde zu legen.

4. Der Bezug der Pension beginnt mit dem Wegfall des Diensteinkommens, der Bezug der Wittwen- und Waisenrente mit dem Ablauf des Gnadenquartals oder Gnadenmonats, oder, soweit solche nicht gewährt werden, mit dem auf den Todestag des Verunglückten folgenden Tage.

Gehört der Verletzte auf Grund gesetzlicher oder statutarischer Verpflichtung einer Krankenkasse oder der Gemeindekrankenversicherung an, so wird bis zum Ablauf der dreizehnten Woche nach dem Eintritt des Unfalls die Pension und der Ersatz der Kosten des Heilverfahrens um den Betrag der von der Krankenkasse oder der Gemeindekrankenversicherung geleisteten Krankenunterstützung gekürzt. Der Anspruch auf das Sterbegeld (§. 2 Absatz 1 Ziffer 1), und vom Beginn der vierzehnten Woche ab auch der Anspruch auf die Pension und auf den Ersatz der Kosten des Heilverfahrens (§. 1) geht bis zum Betrage des von der Krankenkasse gezahlten Sterbegeldes beziehungsweise bis zum Betrage der von dieser gewährten weiteren Krankenunterstützung auf die Krankenkasse über. Als Werth der freien ärztlichen Behandlung, der Arznei und der Heilmittel (§. 6 Absatz 1 Ziffer 1 des Krankenversicherungsgesetzes) gilt die Hälfte des gesetzlichen Mindestbetrages des Krankengeldes.

5. Ein Anspruch auf die in den §§. 1 und 2 bezeichneten Bezüge besteht nicht, wenn der Verletzte den Unfall (§. 1) vorsätzlich oder durch ein Verschulden herbeigeführt hat, wegen dessen auf Dienstentlassung oder auf Verlust des Titels und Pensionsanspruchs gegen ihn erkannt oder wegen dessen ihm die Fähigkeit zur Beschäftigung in einem öffentlichen Dienstzweige aberkannt worden ist.

6. Ansprüche auf Grund dieses Gesetzes sind, soweit deren Feststellung nicht von Amtswegen erfolgt, bei Vermeidung des Ausschlusses vor Ablauf von zwei Jahren nach dem Eintritt des Unfalls bei der dem Verletzten unmittelbar vorgesetzten Dienstbehörde anzumelden.

Nach Ablauf dieser Frist ist der Anmeldung nur dann Folge zu geben, wenn zugleich glaubhaft bescheinigt wird, daß die Folgen des Unfalls erst später bemerkbar geworden sind, oder daß der Berechtigte von der Verfolgung seines Anspruchs durch außerhalb seines Willens liegende Verhältnisse abgehalten worden ist.

Jeder Unfall, welcher von Amtswegen oder durch Anmeldung der Betheiligten einer vorgesetzten Dienstbehörde bekannt wird, ist sofort zu untersuchen. Den Betheiligten ist Gelegenheit zu geben, selbst oder durch Vertreter ihre Interessen bei der Untersuchung zu wahren.

7. Soweit vorstehend nichts Anderes bestimmt ist, finden auf die nach §. 1, und hinsichtlich der Berechnung des Diensteinkommens auch auf die nach §. 2 zu gewährenden Bezüge die für die Betheiligten geltenden Bestimmungen über Pension, auf die nach §. 2 zu gewährenden Renten im Uebrigen die Vorschriften über die Fürsorge für die Wittwen und Waisen der unmittelbaren Staatsbeamten Anwendung.

Die nach §. 1 beziehungsweise 2 dieses Gesetzes zu gewährenden Pensionen beziehungsweise Renten treten an die Stelle derjenigen Pension beziehungsweise derjenigen Wittwen- und Waisengelder, welche den Betheiligten auf Grund anderweiter gesetzlicher Vorschrift zustehen, soweit nicht die letzteren Beträge die nach Maßgabe dieses Gesetzes zu gewährenden Bezüge übersteigen (§. 1 Absatz 1 und §. 2 Absatz 3).

8. Die in den §§. 1 und 2 bezeichneten Personen können einen Anspruch auf Ersatz des durch den Unfall (§. 1) erlittenen Schadens gegen den Staat überhaupt nicht und gegen die Betriebsleiter, Bevollmächtigten oder Repräsentanten, Betriebs- oder Arbeiteraufseher derjenigen Betriebsverwaltung, in deren Dienst sie den Unfall erlitten haben, nur dann geltend machen, wenn durch strafgerichtliches Urtheil festgestellt worden ist, daß diese den Unfall vorsätzlich herbeigeführt haben.

Der hiernach zulässige Anspruch geht in Höhe der den Entschädigungsberechtigten auf Grund des gegenwärtigen Gesetzes oder anderweiter gesetzlicher Vorschrift (§§. 1 und 2) vom Staat zu zahlenden Beträge auf letzteren über.

9. Die in dem §. 8 bezeichneten Ansprüche können, auch ohne daß die daselbst vorgesehene Feststellung durch strafgerichtliches Urtheil stattgefunden hat, geltend gemacht werden, falls diese Feststellung wegen des Todes oder der Abwesenheit des Betreffenden oder aus einem anderen in der Person desselben liegenden Grunde nicht erfolgen kann.

10. Die Haftung anderer in dem §. 8 nicht bezeichneten Personen, welche den Unfall vorsätzlich herbeigeführt oder durch Verschulden verursacht haben, bestimmt sich nach den bestehenden gesetzlichen Vorschriften. Der hiernach zulässige Anspruch geht in Höhe der den Entschädigungsberechtigten auf Grund des gegenwärtigen Gesetzes oder anderweiter gesetzlicher Vorschrift vom Staat zu zahlenden Beträge auf letzteren über.

11. Kommunalbeamten und ihren Hinterbliebenen, für welche durch statutarische Festsetzung gegen die Folgen eines im Dienst erlittenen Betriebsunfalls eine den Vorschriften der §§. 1 bis 5 mindestens gleichkommende Fürsorge getroffen ist, stehen gegen den Kommunalverband, in dessen Dienst der Unfall erlitten ist, weitergehende Ansprüche nicht zu.

12. Gegen das Reich stehen den in den §§. 1, 2

und 11 bezeichneten Personen aus Preußischen Landesgesetzen weitergehende Ansprüche als auf die gedachten Bezüge nicht zu.

Derselben Beschränkung unterliegen die Ansprüche dieser Personen gegen andere Bundesstaaten und gegen Kommunalverbände, sofern für deren Beamte durch die Landesgesetzgebung beziehungsweise durch statutarische Festsetzung gegen die Folgen eines im Dienst erlittenen Betriebsunfalls eine den Vorschriften der §§. 1 bis 5 mindestens gleichkommende Fürsorge getroffen ist und durch die Gesetzgebung des bezüglichen Bundesstaats weitergehende Ansprüche der Beamten und ihrer Hinterbliebenen aus den Landesgesetzen gegenüber dem Reich, sowie den Bundesstaaten und Kommunalverbänden ausgeschlossen sind.

13. Die in den §§. 1 und 2 des Reichsgesetzes, betreffend die Fürsorge für Beamte und Personen des Soldatenstandes in Folge von Betriebsunfällen, vom 15. März 1886 (Reichs-Gesetzbl. S. 53) aufgeführten Personen,[1] desgleichen die Beamten anderer Bundesstaaten und der Deutschen Kommunalverbände, sowie deren Hinterbliebene, für welche durch die Landesgesetzgebung beziehungsweise durch statutarische Festsetzung gegen die Folgen eines im Dienst erlittenen Betriebsunfalls eine den Vorschriften der §§. 1 bis 5 mindestens gleichkommende

[1] Nämlich die Reichsbeamten.

Fürsorge getroffen ist, haben wegen eines Unfalls (§. 1) aus Preußischen Landesgesetzen einen Anspruch auf Ersatz des durch den Unfall erlittenen Schadens nur in Höhe der ihnen danach zukommenden Bezüge sowohl gegen das Reich und den Preußischen Staat, wie gegen diejenigen Preußischen Kommunalverbände, welche für ihre Beamten die Unfallfürsorge in dem vorgedachten Umfange getroffen haben. Derselben Beschränkung unterliegen die Ansprüche dieser Personen gegen andere Bundesstaaten außer Preußen und die nicht Preußischen Kommunalverbände unter der Voraussetzung, daß nach den Landesgesetzen des betreffenden Bundesstaats den durch entsprechende Unfallfürsorge sichergestellten Reichs-, Staats- und Kommunalbeamten, sowie deren Hinterbliebenen weitergehende Ansprüche gegen das Reich, die Bundesstaaten und Kommunalverbände nicht zustehen.

14. Im Uebrigen finden auf die Ansprüche der in den §§. 11 bis 13 bezeichneten Personen die Bestimmungen der §§. 8 bis 10 entsprechende Anwendung.

15. Dieses Gesetz tritt mit dem Tage der Verkündung in Kraft.

XII. Versorgung der Wittwen und Waisen.

51.

Gesetz, betreffend die Fürsorge für die Wittwen und Waisen der unmittelbaren Staatsbeamten.[1] Vom 20. Mai 1882.

(G.S. S. 298.)

§. 1. Unmittelbare Staatsbeamte, welche Diensteinkommen oder Wartegeld aus der Staatskasse beziehen[2] und welchen beim Eintritt der Voraussetzungen der Versetzung in den Ruhestand nach Erfüllung der erforderlichen Dienstzeit Pension aus der Staatskasse gebühren würde, sowie in den Ruhestand versetzte unmittelbare Staatsbeamte, welche kraft gesetzlichen Anspruchs oder auf Grund des §. 7 des Pensionsgesetzes vom 27. März 1872 (G.S. S. 268) lebenslängliche Pension aus der

---

[1] Ausführungsbestimmungen vom 5. Juni, 7. Juli und 27. September 1882 (Min.Bl. f. d. i. V. S. 100, 171, 248, Just.Min.Bl. S. 159 u. 1883 S. 139 u. 1886 S. 123) sowie v. 30. Dezb. 1884 (Min.Bl. f. d. i. V. 1885 S. 7, Just.Min.Bl. S. 35). Siehe auch Gesetz, betreffend die Fürsorge für Beamte in Folge von Betriebsunfällen v. 18. Juni 1887 (G.S. S. 282) oben Nr. 50.

[2] Auch wenn das Recht auf den Bezug zeitweilig ruht, wie bei den Reichsbevollmächtigten für Zölle und Steuern und den Stationskontroleuren oder preußischen Beamten, welche bei den Hauptzollämtern in Lübeck und Bremen, sowie bei der Verwaltung der indirekten Steuern im Großherzogthum Luxemburg angestellt sind.

Staatskasse beziehen, sind verpflichtet,[1] Wittwen- und Waisengeldbeiträge zur Staatskasse zu entrichten.

Diese Verpflichtung erstreckt sich nicht auf

1. Beamte, denen ein Pensionsanspruch nur auf Grund der Vorschrift in dem zweiten Absatze des §. 3 der Verordnung vom 6. Mai 1867 (G.S. S. 713) zusteht;
2. Beamte, welche nur nebenamtlich im Staatsdienst angestellt sind;
3. diejenigen Beamten, welche nur auf Grund des §. 79 des Gesetzes, betreffend die Verfassung und Verwaltung der Städte und Flecken in der Provinz Schleswig-Holstein, vom 14. April 1869 (G.S. S. 589) ein Einkommen aus der Staatskasse beziehen;
4. die mit Bewilligung von Wartegeld oder Pension aus einer der unter Ziffer 1 bis 3 bezeichneten Stellungen ausgeschiedenen, sowie diejenigen Beamten, welche nur auf Grund einer nach dem ersten Absatz des §. 36 des Pensionsgesetzes vom 27. März 1872 in Kraft gebliebenen Zusicherung eine Pension aus der Staatskasse beziehen.

2—4.[2]

5. Die Verpflichtung zur Entrichtung der Wittwen- und Waisengeldbeiträge erlischt:

---

[1] Jetzt nicht mehr, s. Gesetz v. 28. März 1888 Nr. 52.

[2] Fallen fort in Folge des Gesetzes v. 28. März 1888 Nr. 52.

1. mit dem Tode des Beamten, vorbehaltlich der im §. 2 getroffenen Bestimmungen;
2. wenn der Beamte ohne Pension aus dem Dienste scheidet oder mit Belassung eines Theiles derselben aus dem Dienste entlassen wird;
3. wenn der Beamte in den Ruhestand versetzt und ihm auf Grund des §. 7 des Pensionsgesetzes vom 27. März 1872 eine Pension auf bestimmte Zeit bewilligt ist;
4. für den Beamten, welcher weder verheirathet ist, noch unverheirathete eheliche oder durch nachgefolgte Ehe legitimirte Kinder unter 18 Jahren besitzt, mit dem Zeitpunkte der Versetzung in den Ruhestand;
5. für den pensionirten Beamten mit dem Ablauf desjenigen Monats, in welchem die unter Ziffer 4 bezeichnete Voraussetzung zutrifft. Durch eine nach der Pensionirung geschlossene Ehe oder durch das Vorhandensein von Kindern aus einer solchen wird das Erlöschen der Verpflichtung nicht gehindert.

6. Die zur Zeit des Inkrafttretens dieses Gesetzes pensionirten Beamten, welche weder verheirathet sind, noch unverheirathete eheliche oder durch nachgefolgte Ehe legitimirte Kinder unter 18 Jahren besitzen, sind von Entrichtung der Wittwen- und Waisengeldbeiträge befreit. Eine nach der Pensionirung geschlossene Ehe, sowie Kinder aus einer solchen kommen hierbei nicht in Betracht.

7. Die Wittwe und die hinterbliebenen ehelichen oder durch nachgefolgte Ehe legitimirten Kinder eines zur Zeit seines Todes zur Entrichtung von Wittwen- und Waisengeldbeiträgen verpflichteten Beamten erhalten aus der Staatskasse Wittwen- und Waisengeld nach Maßgabe der nachfolgenden Bestimmungen.

8. Das Wittwengeld besteht in dem dritten Theile derjenigen Pension, zu welcher der Verstorbene berechtigt gewesen ist oder berechtigt gewesen sein würde, wenn er am Todestage in den Ruhestand versetzt wäre.

Das Wittwengeld soll jedoch, vorbehaltlich der im §. 10 verordneten Beschränkung, mindestens 160 Mark betragen und 1600 Mark nicht übersteigen.

9. Das Waisengeld beträgt:

1. für Kinder, deren Mutter lebt und zur Zeit des Todes des Beamten zum Bezuge von Wittwengeld berechtigt war, ein Fünftel des Wittwengeldes für jedes Kind;
2. für Kinder, deren Mutter nicht mehr lebt oder zur Zeit des Todes des Beamten zum Bezuge von Wittwengeld nicht berechtigt war, ein Drittel des Wittwengeldes für jedes Kind.

10. Wittwen- und Waisengeld dürfen weder einzeln noch zusammen den Betrag der Pension übersteigen, zu welcher der Verstorbene berechtigt gewesen ist oder berechtigt gewesen sein würde, wenn er am Todestage in den Ruhestand versetzt wäre.

Bei Anwendung dieser Beschränkung werden das Wittwen- und das Waisengeld verhältnißmäßig gekürzt.

11. Bei dem Ausscheiden eines Wittwen- und Waisengeldberechtigten erhöht sich das Wittwen- oder Waisengeld der verbleibenden Berechtigten von dem nächstfolgenden Monat an insoweit, als sie sich noch nicht im vollen Genuß der ihnen nach den §§. 8 bis 10 gebührenden Beträge befinden.

12. War die Wittwe mehr als 15 Jahre jünger als der Verstorbene, so wird das nach Maßgabe der §§. 8 und 10 berechnete Wittwengeld für jedes angefangene Jahr des Altersunterschiedes über 15 bis einschließlich 25 Jahre um $^1/_{20}$ gekürzt.

Auf den nach §. 9 zu berechnenden Betrag des Waisengeldes sind diese Kürzungen des Wittwengeldes ohne Einfluß.

13. Keinen Anspruch auf Wittwengeld hat die Wittwe, wenn die Ehe mit dem verstorbenen Beamten innerhalb dreier Monate vor seinem Ableben geschlossen und die Eheschließung zu dem Zwecke erfolgt ist, um der Wittwe den Bezug des Wittwengeldes zu verschaffen.

Keinen Anspruch auf Wittwen- und Waisengeld haben die Wittwe und die hinterbliebenen Kinder eines pensionirten Beamten aus solcher Ehe, welche erst nach der Versetzung des Beamten in den Ruhestand geschlossen ist.

14. Stirbt ein zur Entrichtung von Wittwen- und Waisengeldbeiträgen verpflichteter Beamter, welchem, wenn er am Todestage in den Ruhestand versetzt wäre, auf Grund des §. 7 des Pensionsgesetzes vom 27. März 1872 eine Pension hätte bewilligt werden können, so kann der Wittwe und den Waisen desselben von dem Departementschef in Gemeinschaft mit dem Finanzminister Wittwen- und Waisengeld bewilligt werden.

Stirbt ein zur Entrichtung von Wittwen- und Waisengeldbeiträgen verpflichteter Beamter, welchem nach den §§. 18 und 19 des Pensionsgesetzes vom 27. März 1872 im Falle seiner Versetzung in den Ruhestand die Anrechnung gewisser Zeiten auf die in Betracht kommende Dienstzeit hätte bewilligt werden können, so ist der Departementschef in Gemeinschaft mit dem Finanzminister befugt, eine solche Anrechnung auch bei Festsetzung des Wittwen- und Waisengeldes zuzulassen.

15. Die Zahlung des Wittwen- und Waisengeldes beginnt mit dem Ablauf des Gnadenquartals oder des Gnadenmonats.

16. Das Wittwen- und Waisengeld wird monatlich im Voraus gezahlt. An wen die Zahlung gültig zu leisten ist, bestimmt der Departementschef, welcher die Befugniß zu solcher Bestimmung auf die Provinzialbehörde übertragen kann.

Nicht abgehobene Theilbeträge des Wittwen- und Waisengeldes verjähren binnen vier Jahren, vom

Tage ihrer Fälligkeit an gerechnet, zum Vortheile der Staatskasse.

17. Das Wittwen- und Waisengeld kann mit rechtlicher Wirkung weder abgetreten noch verpfändet[1] oder sonst übertragen werden.

18. Das Recht auf den Bezug des Wittwen- und Waisengeldes erlischt:

1. für jeden Berechtigten mit Ablauf des Monats, in welchem er sich verheirathet oder stirbt;
2. für jede Waise außerdem mit dem Ablauf des Monats, in welchem sie das 18. Lebensjahr vollendet.

19. Das Recht auf den Bezug des Wittwen- und Waisengeldes ruht, wenn der Berechtigte das Deutsche Indigenat verliert, bis zur etwaigen Wiedererlangung desselben.

20. Mit den aus §. 14 sich ergebenden Maßgaben erfolgt die Bestimmung darüber, ob und welches Wittwen- und Waisengeld der Wittwe und den Waisen eines Beamten zusteht, durch den Departementschef, welcher die Befugniß zu solcher Bestimmung auf die Provinzialbehörde übertragen kann.

Die Beschreitung des Rechtsweges steht den Betheiligten offen, doch muß die Entscheidung des Departementschefs der Klage[2] vorhergehen und

---

[1] Hinsichtlich der Pfändbarkeit des Wittwen- und Waisengeldes kommen die Bestimmungen des §. 749 der Civilprozeßordnung — vorn Nr. 29 abgedruckt — zur Anwendung.

[2] Für die Klage ist nach §. 39 Nr. 1 des Ausführungs-

letztere sodann bei Verlust des Klagerechts innerhalb sechs Monaten, nachdem den Betheiligten die Entscheidung des Departementschefs bekannt gemacht worden, erhoben werden.

21. Die Vorschriften

1. der §§. 10 und 12 des Dänischen Pensionsgesetzes vom 24. Februar 1858,
2. des dritten Theils des Kurhessischen Staatsdienstgesetzes vom 8. März 1831,
3. der §§. 28 ff. des Staatsdieneredikts für das Fürstenthum Hohenzollern-Sigmaringen vom 20. August 1831 und der §§. 26 ff. der Dienstpragmatik für das Fürstenthum Hohenzollern-Hechingen vom 11. Oktober 1843

treten für die Hinterbliebenen derjenigen Beamten, welche auf Grund des §. 23 Absatz 1 dieses Gesetzes aus der Landesanstalt, der sie seither angehörten, ausscheiden, mit der Maßgabe außer Kraft, daß das denselben zu bewilligende Wittwen- oder Waisengeld nicht hinter demjenigen Betrage zurückbleiben darf, welcher ihnen nach den vorstehend unter Ziffer 1 bis 3 bezeichneten Vorschriften aus der Staatskasse hätte bewilligt werden müssen.

22. Der Beitritt zu der allgemeinen Wittwenverpflegungsanstalt ist den nach §. 1 zur Entrichtung

---

gesetzes zum deutschen Gerichtsverfassungsgesetz v. 24. April 1878 (G.S. S. 230) das Landgericht ausschließlich zuständig, da Wittwen- und Waisengeld ein Theil der Beamtenbesoldung beziehungsweise Pension ist.

von Wittwen- und Waisengeldbeiträgen verpflichteten Beamten, sowie den Beamten des Deutschen Reichs nicht ferner gestattet.

23. Diejenigen nach §. 1 zur Entrichtung von Wittwen- und Waisengeldbeiträgen verpflichteten Beamten, welche Mitglieder einer Militär- oder Staatsbeamten-Wittwenkasse oder einer sonstigen Veranstaltung des Staats zur Versorgung der Hinterbliebenen von Beamten und derselben nicht erst nach der Verkündigung dieses Gesetzes beigetreten sind, bleiben, wenn sie binnen drei Monaten nach dem Inkrafttreten dieses Gesetzes durch eine schriftliche Erklärung für ihre etwaigen künftigen Hinterbliebenen auf das in den §§. 7 ff. bestimmte Wittwen- und Waisengeld verzichten, von Entrichtung der im §. 3 bestimmten Wittwen- und Waisengeldbeiträge befreit. Andernfalls sind sie berechtigt, aus der Landesanstalt auszuscheiden.

Diese Bestimmungen finden sinngemäße Anwendung auf die Mitglieder der Beamtenpensionskassen bei den vom Staate erworbenen Privateisenbahnen einschließlich der Unterstützungskasse der Angestellten der Cöln-Mindener Eisenbahn, ferner der Berliner allgemeinen Wittwenpensions- und Unterstützungskasse, sowie auf diejenigen Beamten, welche wegen ihrer Angehörigkeit zu einer anderen Privatversicherungsgesellschaft von der ihnen sonst obliegenden Verpflichtung zur Theilnahme an einer der im ersten Absatz bezeichneten Anstalten entbunden oder nach Anordnung ihrer vorgesetzten Behörde zum Zwecke der Versorgung ihrer Ehefrau für den Fall ihres Todes einer Privatversicherungsgesellschaft beigetreten und noch zur Zeit des Inkrafttretens dieses Gesetzes Mitglieder der Gesellschaft sind.

24. Dieses Gesetz tritt am 1. Juli 1882 in Kraft.

52.

Gesetz, betreffend den Erlaß der Wittwen- und Waisengeldbeiträge der unmittelbaren Staatsbeamten.

Vom 28. März 1888.

(G.S. S. 48.)

Artikel I.

Die Wittwen= und Waisengeldbeiträge, welche auf Grund des Gesetzes, betreffend die Fürsorge für die Wittwen und Waisen der unmittelbaren Staatsbeamten, vom 20. Mai 1882 (Gesetz=Samml. S. 298) zu entrichten sind, werden, unbeschadet des an diese Verpflichtung geknüpften Anspruchs auf Wittwen= und Waisengeld, vom 1. April 1888 ab nicht erhoben.

Artikel II.

1. Verzichte auf Wittwen= und Waisengeld, welche auf Grund des §. 23 des Gesetzes vom 20. Mai 1882 erklärt sind, dürfen bis zum 30. Juni 1888 einschließlich widerrufen werden. Auf Rechtsnachfolger geht diese Befugniß nicht über.

Die Frist kann, soweit die dienstlichen Verhält=

nisse der Betheiligten es erfordern, von dem Departementschef in Gemeinschaft mit dem Finanzminister angemessen verlängert werden.

2. Der Widerrufende hat denjenigen Betrag an Wittwen- und Waisengeldbeiträgen zur Staatskasse nachzuentrichten, welcher ohne Erklärung des Verzichts von ihm hätte entrichtet werden müssen.

Die Tilgung dieser Schuld geschieht in Theilbeträgen von drei Prozent des Diensteinkommens, des Wartegeldes oder der Pension nach den für die Erhebung der Wittwen- und Waisengeldbeiträge bestehenden Vorschriften mit der Maßgabe, daß es dem Beitragspflichtigen jederzeit freisteht, den Rest seiner Schuld zur Staatskasse zu zahlen.

Der nach dem Tode des Beitragspflichtigen etwa noch ungedeckte Betrag wird von den zunächst fälligen Raten des Wittwen- und Waisengeldes vorweg in Abzug gebracht.

3. Mitgliedern einer der in §. 23 Absatz 1 des Gesetzes vom 20. Mai 1882 bezeichneten Anstalten, welche gemäß Artikel II §. 1 des gegenwärtigen Gesetzes den Verzicht widerrufen und gleichzeitig aus der Anstalt ausscheiden, sind die an die letztere seit der Verzichtleistung entrichteten Beiträge auf die nach Artikel II §. 2 Absatz 1 zu machenden Nachzahlungen anzurechnen.

Register.

(Die Zahlen bezeichnen die Seiten.)

A.

H.

N.

O.

P.

Z.

Druck von A. W. Hayn's Erben in Potsdam.

Nachtrag.

33a (zu Seite 141 ff.).

Gesetz, betreffend die Tagegelder und Reisekosten der Staatsbeamten. Vom 21. Juni 1897. (G.S. S. 193.)

Artikel I.

Die §§. 1 und 4 des Gesetzes vom 24. März 1873 (Gesetz=Samml. S. 122), betreffend die Tagegelder und Reisekosten der Staatsbeamten, beziehungsweise der Artikel I §. 1 und §. 4 des Gesetzes vom 28. Juni 1875 (Gesetz=Samml. S. 370), betreffend eine Abänderung des gedachten Gesetzes vom 24. März 1873, sowie der Artikel I §. 1 und §. 4 der Verordnung vom 15. April 1876 (Gesetz=Samml. S. 107), betreffend die Tagegelder und Reisekosten der Staatsbeamten, werden wie folgt abgeändert:

§. 1. Die Staatsbeamten erhalten bei Dienstreisen Tagegelder nach den folgenden Sätzen:

I. Aktive Staatsminister . . . . . 35 Mark
II. Beamte der ersten Rangklasse . . 28 „
III. Beamte der zweiten und dritten Rangklasse . . . . 22 „
IV. Beamte der vierten und fünften Rangklasse . . . . 15 „

V.	Beamte, welche nicht zu obigen Klassen gehören, soweit sie bisher zu dem Tagegeldersatze von 9 Mark berechtigt waren	12 Mark
VI.	Subalternbeamte der Provinzial-, Kreis- und Lokalbehörden und andere Beamte gleichen Ranges	8 "
VII.	Andere Beamte, welche nicht zu den Unterbeamten zu zählen sind . . .	6 "
VIII.	Unterbeamte	4 "

Erstreckt sich eine Dienstreise auf zwei Tage und wird sie innerhalb 24 Stunden beendet, so ist nur das Ein- und einhalbfache der Sätze unter I bis VIII zu liquidiren.

Wird die Dienstreise an ein und demselben Tage angetreten und beendet, so tritt eine Ermäßigung der Tagegelder bei I auf 27 Mark, bei II auf 21 Mark, bei III auf 17 Mark, bei IV auf 12 Mark, bei V auf 9 Mark, bei VI auf 6 Mark, bei VII auf 4,50 Mark und bei VIII auf 3 Mark ein.

§. 4. An Reisekosten, einschließlich der Kosten der Gepäckbeförderung erhalten:

I. bei Dienstreisen, welche auf Eisenbahnen oder Dampfschiffen gemacht werden können:

1) die im §. 1 unter I bis IV bezeichneten Beamten für das Kilometer 9 Pfennig und für jeden Zu- und Abgang 3 Mark.

Hat einer dieser Beamten einen Diener auf die Reise mitgenommen, so kann er für denselben 5 Pfennig für das Kilometer beanspruchen;

2) die im §. 1 unter V und VI genannten Beamten für das Kilometer 7 Pfennig und für jeden Zu- und Abgang 2 Mark;

3) die im §. 1 unter VII und VIII genannten Beamten für das Kilometer 5 Pfennig und für jeden Zu- und Abgang 1 Mark.

II. bei Dienstreisen, welche nicht auf Eisenbahnen, Kleinbahnen oder Dampfschiffen zurückgelegt werden können:

1) die im §. 1 unter I bis IV genannten Beamten	60 Pfennig
2) die im §. 1 unter V und VI genannten Beamten	40 „
3) die im §. 1 unter VII und VIII genannten Beamten	30 „

für das Kilometer.

III. die Bestimmung darüber, unter welchen Umständen von den Beamten bei ihren Dienstreisen Kleinbahnen zu benutzen, und welche Reisekostenvergütungen in solchen Fällen zu gewähren sind, erfolgt durch das Staatsministerium.

Haben erweislich höhere Reisekosten als die unter I bis III festgesetzten aufgewendet werden müssen, so werden diese erstattet.

Artikel II.

Soweit Beamte nach Maßgabe der für das betreffende Ressort bestehenden Bestimmungen Dienstreisen mit unentgeltlich gestellten Verkehrsmitteln ausführen, haben dieselben an Reisekosten nur die bestimmungsmäßigen Entschädigungen für Zu- und Abgang zu beanspruchen.

Artikel III.

Für Beamte, welche durch die Art ihrer Dienstgeschäfte zu häufigen Dienstreisen innerhalb bestimmter Amtsbezirke oder zu regelmäßig wiederkehrenden Dienstreisen zwischen bestimmten Orten genöthigt werden, können an Stelle der nach den §§. 1 und 4 des Gesetzes vom 24. März 1873 beziehungsweise Artikel I dieses Gesetzes zu berechnenden Vergütungen nach Bestimmung des Verwaltungschefs und des Finanzministers Bauschvergütungen festgesetzt werden.

Artikel IV.

Für die Ansprüche der Beamten auf Grund der gesetzlichen Bestimmungen über die Reisekosten und Tagegelder der Staatsbeamten sind die Ausführungsvorschriften maßgebend, die vom Staatsministerium oder, soweit gesetzlich die Zuständigkeit der Verwaltungschefs beziehungsweise des Finanzministers begründet ist, von diesen getroffen werden.

Artikel V.

Die Bestimmungen im §. 12 des Gesetzes vom 24. März 1873 in der Fassung der Verordnung vom 15. April 1876 (Gesetz-Samml. S. 107) finden auf die vor Erlaß des gegenwärtigen Gesetzes ergangenen gesetzlichen oder sonstigen Vorschriften, welche für einzelne Dienstzweige oder Dienstgeschäfte bezüglich der den Beamten aus der Staatskasse zu gewährenden Tagegelder und Reisekosten ergangen sind, mit der Maßgabe Anwendung, daß die im Artikel I des gegenwärtigen Gesetzes bestimmten Sätze nicht überschritten werden dürfen.

Die Bestimmungen im Artikel I §§. 1 und 4 Nr. I und II des gegenwärtigen Gesetzes finden jedoch auf diejenigen Beamten, welche unter den §. 2 des Gesetzes, betreffend die den Medizinalbeamten für die Besorgung gerichtsärztlicher, medizinal- oder sanitätspolizeilicher Geschäfte zu gewährenden Vergütungen, vom 9. März 1872 (Gesetz-Samml. S. 265) fallen, so lange keine Anwendung, als die Besoldungsverhältnisse derselben nicht anderweitig geregelt sein werden.

Artikel VI.

Dieses Gesetz tritt mit dem 1. Oktober 1897 in Kraft.

Nachtrag.

51a (zu Seite 229 ff.).

Gesetz wegen Abänderung der §§. 8 und 12 des Gesetzes, betreffend die Fürsorge für die Wittwen und Waisen der unmittelbaren Staatsbeamten vom 20. Mai 1882. Vom 1. Juni 1897.

(G.S. S. 169.)

Artikel I.

An Stelle des §. 8 des Gesetzes, betreffend die Fürsorge für die Wittwen und Waisen der unmittelbaren Staatsbeamten, vom 20. Mai 1882 (Gesetz-Samml. S. 298) treten folgende Vorschriften:

§. 8. Das Wittwengeld besteht in vierzig vom Hundert derjenigen Pension, zu welcher der Verstorbene berechtigt gewesen ist oder berechtigt gewesen sein würde, wenn er am Todestage in den Ruhestand versetzt wäre.

Das Wittwengeld soll jedoch, vorbehaltlich der im §. 10 verordneten Beschränkung, mindestens zweihundert und sechszehn Mark betragen und für Wittwen der Staatsminister und Beamten der ersten Rangklasse dreitausend Mark, für Wittwen der Beamten der zweiten und dritten Rangklasse zweitausendfünfhundert

Mark und für Wittwen der übrigen Beamten zweitausend Mark nicht übersteigen.

Ueber die Zugehörigkeit zu einer Rangklasse entscheiden die Bestimmungen des §. 2 Absatz 1 bis 3 des Gesetzes, betreffend die Gewährung von Wohnungsgeldzuschüssen an die unmittelbaren Staatsbeamten, vom 12. Mai 1873 (Gesetz-Samml. S. 209).

Artikel II.

Der §. 12 des genannten Gesetzes erhält als dritten Absatz folgende Vorschrift:

Nach fünfjähriger Dauer der Ehe wird für jedes angefangene Jahr ihrer weiteren Dauer dem gekürzten Betrage $^1/_{20}$ des nach Maßgabe der §§. 8 und 10 zu berechnenden Wittwengeldes so lange hinzugesetzt, bis der volle Betrag wieder erreicht ist.

Artikel III.

Dieses Gesetz tritt mit dem 1. April 1897 in Kraft.

Die Gesetze

betreffend Tagegelder und Reisekosten der Staats-
beamten, vom 21. Juni 1897

und

wegen Abänderung der Wittwen- und Waisen-
pensionen, vom 1. Juni 1897

sind im Nachtrag Seite 257—263 abgedruckt.

FSC
www.fsc.org
MIX
Papier | Fördert gute Waldnutzung
FSC® C083411

Kolibri 360 GmbH
Ferdinand-Jühlke-Straße 7
99095 Erfurt, Deutschland
produktsicherheit@kolibri360.de